在每次焦慮下，教孩子慢慢站穩

情緒教養
不是「說說就好」

從焦慮到安心
讓孩子學會情緒自處的第一課

孩子的每一次驚慌，都是勇敢的練習
別急著安慰，先學會理解

安心，靠陪伴一點一滴建立
以對話與行動，帶領孩子走出焦慮

林琬清　著

目錄

前言

不少家長會發現，自家孩子總是比較害羞、膽怯或不善於表達，有些小朋友甚至在家裡來了陌生人時，便趕緊躲到爸媽身後，不敢與人接觸；在學習或面對新事物時，也容易表現得畏縮不前，缺乏主動性。事實上，這樣的膽怯心理，不但影響孩子的社交能力，也往往讓他們錯失許多成長的機會與生活樂趣。

為什麼孩子會形成膽怯的性格呢？心理學家認為，膽小與孩子自身的氣質有一定的關聯，但更重要的是家庭的教養環境與父母的教育觀念。許多家庭現今只有一個孩子，家長的呵護過多，使得孩子較少與其他同齡孩子相處，漸漸就缺乏與人互動的勇氣；而有些家長對孩子過於嚴格，過多責罵，讓孩子產生了心理壓力，逐漸失去面對新挑戰的勇氣。因此，要幫助孩子走出膽小的性格，家長首先必須調整自己的教育觀念，避免過度溺愛，也不應一味嚴苛，而要營造溫暖、平等、接納的家庭氛圍，鼓勵孩子嘗試並展現自我，讓孩子的勇氣逐步累積起來。

增強社交能力與經驗，是培養膽識的重要途徑

對於生性膽小的孩子，父母應避免操之過急，更不能苛責孩子的不夠勇敢，否則可能適得其反，導致孩子自信心更加挫敗。反之，家長應多去發掘孩子內在的優點，適時鼓勵與稱讚，讓孩子從微小的成功經驗中，逐漸提升對自己的信心。

此外，家長還可以透過多提供孩子與外界接觸的機會，來增進孩子的膽量。舉例來說，可以常常帶孩子到戶外、參與群體活動，或鼓勵孩子參加他喜歡的社團課程，在和同儕的互動中，學習表達與溝通。透過豐富的社交經驗，孩子的膽量與信心會慢慢建立，從而克服害羞與退縮的習慣。

透過這些培養方式，孩子在學校生活與社會互動中，都能逐步展現更勇敢、更積極的態度，不再輕易退縮或放棄，更願意主動嘗試新的挑戰與機會。

陪伴是勇敢成長的最佳推手

在陪伴孩子克服膽小的過程中，家長的角色十分關鍵。要讓孩子獲得勇氣，家長自身首先要保持正面與平穩的心態，並給孩子足夠的信任與支持，這樣孩子才會逐步建立起內心的安全感與勇氣。

無論是陪伴孩子面對陌生人、接受新事物，或是讓他在安全範圍內嘗試獨立完成一件小事，家長都應耐心陪伴，持續鼓勵，不急躁，不責罵。久而久之，孩子便會將家長的信任化作自我的勇氣，學會獨立且積極地面對生活中的各種考驗。

勇敢的孩子並非一朝一夕就能培養出來，而是需要家長用耐心與智慧，透過持續不斷的陪伴、鼓勵與引導，才能將膽怯轉化成勇氣，讓孩子健康且自信地踏上人生路途。

第一章
當膽小成了孩子的絆腳石

當今社會節奏快速、競爭激烈，許多父母都期待孩子能從小展現自信與勇氣，逐步培養堅毅果敢的個性，為日後面對各種挑戰打下良好基礎。

但實際上，不少孩子天性敏感、缺乏安全感，常常因恐懼而退縮。他們害怕黑暗、害羞與人互動、懼怕陌生環境，甚至一遇到挫折便感到無助，對失敗有極大的恐懼心理。這樣的狀態，使他們在機會來臨時猶豫不決，錯失寶貴的成長契機。

若希望孩子日後能勇於發聲、敢於行動、具備突破困難的膽識，父母就應從日常生活中著手，引導他們面對挑戰、習慣嘗試，幫助孩子逐漸建立自信，才能一步步養成勇敢堅定的性格，開創屬於自己的人生舞臺。

改變人生的勇氣

什麼是「勇氣」？勇氣就是明知前方有挑戰，卻仍能挺身而出的行動力與精神。回顧歷史或現實社會，凡事有所成就的人，身上無不散發著這股勇於突破的力量。相反，那些遇到困難就躲避的人，往往很難品嚐成功的滋味。

大學剛畢業的艾琳，想進入一家知名媒體公司擔任節目策劃助理。雖然這家公司招募的是資深人士，但艾琳仍堅持遞交履歷。面試時，人事主管直接告訴她：「我們需要的是有豐富製作經驗的人，妳完全沒有相關經驗，很抱歉。」但艾琳並未輕言放棄，反而勇敢地請求：「如果方便，能否讓我完成策劃案的筆試測驗？至少讓我試試看。」

主管不想再浪費時間，但被她的誠懇態度打動，答應了她的要求。出乎意料的是，艾琳的筆試成績在所有人中名列前茅，於是人事主管破例親自進行第二輪面試。

主管看完艾琳的作品，認為她的創意與構想十分獨到，但仍因為她完全沒有正式工作經驗而有所遲疑，決定暫時結束面談：「我們再通知妳吧。」艾琳禮貌地起身離開前，從包包中拿出自己製作的小卡片遞給主管，並說：「不論是否錄取，都請回覆我，好嗎？因為我希望知道自己的不足，才可以進步。」

主管驚訝於她的積極態度，問道：「一般情況下，不寄通知給未錄取的人是公司慣例，妳為什麼這麼堅持？」艾琳坦然地回答：「對我來說，任何一個回覆都是珍貴的機會，能幫助我了解自己究竟缺乏什麼。我不怕失敗，我只害怕錯過成長的機會。」

主管沉默片刻後微笑著說：「恭喜妳，我們公司最需要的就是像妳這樣有勇氣且積極的人。妳錄取了。」

艾琳靠著勇於突破、積極爭取的態度，成功贏得了寶貴的工作機會。其實人生許多時候，決定我們能否成功的，不是先天能力，而是當我們面對挫折時，是否能有勇氣繼續前進。

培養孩子的勇氣，就是為未來成功奠定基礎

孩子在成長過程中，也需要培養這種勇氣。勇敢的孩子不僅更能把握機會，也更能積極探索新事物，甚至遇到困境時也能迎難而上。

曾有這樣一個寓言故事：

森林中有兩隻小猴子，自幼跟著媽媽學習爬樹採果子。有一天，猴媽媽突然離開，遲遲未歸，兩隻小猴子餓了許

久，其中一隻決定主動出去找食物，另一隻卻遲疑不決，害怕外面有危險。

主動的小猴子起初也很害怕，但牠鼓起勇氣跳出了安全區域，經過幾次跌跌撞撞，最終學會了如何從高處找到果子，並安全返回。牠帶回了食物，還跟另一隻猴子興奮地分享外面的所見所聞。

但膽小的猴子卻始終不敢跨出樹洞，牠擔心摔下去、擔心遇到危險，整天躲在洞內等待媽媽回來。日子一久，主動的小猴子越來越靈活勇敢，另一隻則越來越瘦弱。最終，當有一天洞內食物耗盡時，膽小的小猴子已經錯過了鍛鍊自己求生技能的最佳時機，難以在森林中獨立生存。

這個故事告訴我們，膽怯使人失去機會，也使人無法成長。相反，有勇氣的人總能夠掌握機會，勇敢迎向挑戰。

給孩子的最佳禮物，就是勇敢的態度

家長若想培養孩子的勇氣，首先必須給孩子適當的鼓勵和支持，而非保護過度或苛責不當。當孩子嘗試新事物或遇到困難時，家長應鼓勵他們自己解決問題，而非急著介入處理。當孩子勇敢地發表自己的意見時，即使觀點不成熟，也應讚許其勇氣，逐步培養孩子在面對挫折時的韌性。

勇氣並非與生俱來，而是在一次次挑戰中逐漸培養的。因此，家長要耐心陪伴孩子，讓孩子學習從小事開始主動面對問題、解決困難。如此一來，孩子便能培養出積極、獨立、敢於負責的態度，未來面對更大的挑戰時，自然也就具備了突破困境的能力。

真正成功的人，從來不只是靠運氣，更是靠著自己一次次勇敢突破難關，逐步走向成功之路。家長如果想要讓孩子在未來成為具備自信與能力的人才，就應當及早培養孩子的勇氣，讓孩子具備追求成功最重要的條件 —— 敢於面對挑戰，勇敢邁出成功的第一步。

別讓膽怯錯過重要契機

膽小、羞怯的個性，不僅影響孩子的人際關係，更可能讓孩子在人生的重要時刻失去機會，影響他們的前途發展。

一群學生參加一場重要的學術競賽，前幾輪比賽之後，有一位學生明顯表現突出，大家一致看好他能夠奪冠。然而在最後一輪決賽中，他發現主辦方發給他的題目有一頁印刷模糊，看不清楚題意。但他卻不敢舉手提出疑問，只怕被老師或其他參賽者認為是在找藉口，於是默默地硬著頭皮作答，最終因為理解錯誤而失去了冠軍。比賽結束後，老師問他：「為什麼不提出來更換題目呢？」他懊惱地說：「我怕別人覺得我很麻煩。」結果，就因為他膽小怕事，眼看著榮譽與成功從眼前溜走。

現實生活中，這樣膽小怯懦的孩子其實不在少數。許多孩子並不是能力不足，而是不敢主動爭取，害怕失敗、害怕被拒絕，因此喪失了本來應該屬於自己的成功機會。因此，父母給予孩子最大的禮物，不應該是過多的保護，而應是培養他們的膽識，教導他們勇敢地表達與爭取。

鼓勵孩子勇敢，才是真正的愛護

一對母女逛街時，經過一家手作點心店，年幼的女兒很想買一個看起來可口的手工餅乾，但又害羞不敢開口向店員詢問。母親察覺到女兒渴望的眼神，便鼓勵她：「想要什麼就自己去問，沒什麼好害怕的。」女兒仍猶豫不決，母親便耐心等待著，決心這次要讓女兒突破內心的膽怯。

經過幾分鐘掙扎，女兒終於鼓起勇氣，小聲地對店員說：「請問那個餅乾多少錢？」店員微笑著告訴她價錢後，她順利買到了餅乾。自此以後，女孩開始懂得主動表達自己的想法與需求，不再畏畏縮縮，而是逐漸養成大方自信的個性。

這位母親的用意很明確，只有讓孩子勇敢地主動表達，才能培養他們敢於面對問題的能力。父母應該讓孩子知道，成功和幸福並不是靠被動等待，而是靠主動爭取的勇氣。

培養膽量，比過度保護更重要

長期以來，許多家長害怕孩子受傷，寧可限制孩子參與各種冒險或挑戰性的活動，也不願冒任何風險。事實上，這種過度的保護反而會讓孩子變得更加膽小、缺乏自信，並導致未來面對挑戰時缺乏應有的勇氣。

在歐美國家，許多家長鼓勵孩子參與一些富有挑戰性的活動，例如攀岩、滑輪、甚至野外露營等活動。透過這些活動，孩子不但能學習處理突發事件，還能培養出勇於冒險、不怕困難的積極態度。然而許多亞洲家長卻傾向於避免孩子接觸這些活動，即使孩子的能力足夠，他們仍會以各種理由阻止，這種保護過度的結果，反而讓孩子失去了勇於面對困難、挑戰自我的機會。

當然，適當的保護是必要的，但過度的保護卻可能對孩子未來造成長期的傷害。我們應當適當地鼓勵孩子走出舒適圈，接受挑戰，從日常的生活中累積勇氣。這樣一來，孩子便能在未來更有膽識、更積極主動地面對人生中的各種挑戰，成功也將因此更靠近他們。

孩子膽怯的具體表現

許多家長常感到困擾，為什麼自家孩子在各種場合總是畏首畏尾、不敢主動表現呢？這種性格上的膽怯問題，若沒有及早注意並加以引導，可能會影響孩子未來的人際互動及個人成長。因此，家長有必要仔細觀察孩子的行為，及早辨識其膽小的具體特徵，以便加以改善。

例如，在團體活動中，有些孩子明明心裡有很多想法，但總是選擇沉默，從不主動參與討論，老師即使特別邀請他發言，他也只是低頭、細聲回答，生怕說錯話或遭到其他人的注意。與同齡人相處時，這類孩子往往表現被動，對陌生同學總抱著抗拒心理，寧可獨處一隅，也不願意主動接近他人。

此外，有些膽怯的孩子不善於處理人際衝突，明明受到欺負，卻不敢反抗或尋求協助，默默承受，不敢表達自己的不滿或情緒。久而久之，他們逐漸習慣退縮，缺乏自我肯定與自我保護的勇氣，甚至形成了強烈的自卑感。

家長也會發現，這些孩子在表達自己需求時特別容易猶豫不決。例如，想吃某樣食物卻羞於開口表達，或需要幫助時也不敢主動尋求協助，害怕拒絕或麻煩別人。因此，這些孩子常常讓人覺得難以捉摸，甚至令人感到憂心。

膽小性格對孩子造成的深遠影響

性格膽怯不僅讓孩子在人際關係上受阻，更可能對孩子未來的發展帶來嚴重影響。通常膽怯的孩子，在學習上缺乏自信，即使具備能力，也不敢主動嘗試，遇到困難時寧可選擇逃避，也不願積極解決。

同時，膽怯的孩子容易過度敏感，常常將別人的無心之言解讀為惡意批評，久而久之便養成負面思考的習慣，對他人的態度與行為疑慮重重。這種敏感多疑的性格，讓孩子在人際互動中逐漸陷入孤立，無法建立健康的人際關係，甚至進一步影響他們的人格發展。

此外，膽怯的孩子通常適應能力較差，面對新環境、新事物，會習慣性退縮，寧願停留在熟悉的舒適圈內。這種習慣不但限制了孩子探索世界的機會，更可能錯失許多重要的成長經驗。

如何辨別孩子膽小的特質？

從日常觀察中，家長可注意以下特徵：

首先，膽怯的孩子害怕與陌生人互動，經常躲避社交場合；其次，他們較少主動發言，且表達能力較弱，語言常缺乏自信；第三，這類孩子往往較被動，缺乏主見，凡事總希望由別人決定或幫忙處理；此外，他們的承受挫折能力也較低，遇到困難或小挫折，就容易情緒低落甚至崩潰；而且，他們往往比較依賴家人，缺乏獨立完成任務的勇氣。

整體來說，膽怯不是天生無法改變的性格缺陷，而是孩子在成長過程中逐漸形成的一種行為模式。家長若能及早注意這些表現，採取積極的引導策略，提供孩子適當的鼓勵與支持，必能幫助孩子逐步克服膽怯，培養出自信與勇氣，讓孩子在人生道路上能夠更加順利地前行。

問題行為	背後可能的家庭因素
上台焦慮、緊張到無法開口	常被批評、缺乏鼓勵
害怕表現自己、不敢舉手	家庭裡對錯誤反應過度、只看結果
無法承受挫折，做錯就放棄	缺少從錯誤中被理解的經驗
總想當第一、不當就情緒失控	曾因表現不如人被責備或失去認可

孩子膽怯性格形成的原因

每位父母都希望自己的孩子勇敢、自信，但現實中，許多孩子卻常因為膽小而受到困擾，甚至影響到未來發展。有些孩子害怕獨處，有的怕黑、怕蟲子，有的則面對陌生環境或陌生人就變得畏縮退避。這種恐懼心理如果長期存在，將會嚴重阻礙孩子的自我成長。

膽怯的孩子通常會表現出內向、不敢表達自己、依賴性強等問題，這些表現背後的原因其實與孩子所處的環境、父母的教育方式息息相關。以下幾個因素，是造成孩子膽小怯懦性格的重要根源：

先天氣質與父母影響

有些孩子天生氣質偏內向敏感，容易感到緊張不安。如果父母本身個性也較內向或膽小，孩子可能就會受到雙重影響，導致更加敏感、害羞。在這種情況下，如果家長無法及時引導，反而表現出自己的恐懼或緊張，孩子也就更容易模仿這種膽怯的行為。

父母必須要自我覺察，避免在孩子面前流露出過度謹慎、畏縮的態度，而要多給予孩子積極鼓勵，幫助孩子逐步適應環境、提升自信。

生活環境單一，社交經驗不足

現代家庭大多生活於小家庭中，孩子與外界接觸機會相對有限，特別是都會地區，孩子常在密閉的環境下成長，較少有機會與同齡朋友互動，導致他們面對新環境或陌生人時容易膽怯、生疏。

此外，有些父母工作忙碌，孩子從小由保母照顧，缺乏與父母的深度情感互動，也容易導致孩子安全感不足，遇事容易膽小退縮。家長應積極提供機會，鼓勵孩子多接觸外面的世界，逐步累積經驗，培養膽量與社交能力。

家長的過度保護

許多父母出於疼愛孩子，凡事都親自代勞、過度保護，害怕孩子受傷、害怕孩子經歷挫折，什麼事情都替孩子解決，久而久之，這種過度保護就養成了孩子強烈的依賴性，缺乏獨立處理問題的能力，遇到挑戰時更容易感到恐懼、退縮。

父母必須明白，適當放手、鼓勵孩子自主解決問題，才能讓孩子逐漸建立起面對挑戰的勇氣，而非盲目地依賴成人的幫助。

家長過於嚴厲

有些家長期望過高，總希望孩子表現得完美無缺，一旦孩子出錯或未達到標準，便大聲斥責甚至處罰。這樣的教育方式會讓孩子處於高度壓力之中，害怕犯錯、害怕被責罵，逐漸變得什麼事都不敢嘗試，生怕做錯而遭受責難。

過度嚴厲的教育，不但無法培養孩子的勇氣，反而容易造成他們心理上的陰影。因此，家長應盡量避免頻繁的負面批評，應多採取正面鼓勵的方式，培養孩子的自信與勇氣。

用錯誤的方式強迫孩子「變勇敢」

有些家長認為要改變孩子膽小的性格，最好的方法就是「以毒攻毒」，刻意讓孩子去面對害怕的事物，例如強迫怕黑的孩子獨自待在黑暗的房間中，或是逼迫孩子接觸自己害怕的動物。殊不知，這種方式往往會讓孩子恐懼加深，甚至留下難以修復的心理創傷。

正確的做法應該是循序漸進，陪伴孩子逐步面對恐懼，透過小步驟的成功，逐漸建立起信心與勇氣，而非以刺激性的方式「逼迫」孩子變得勇敢。

負面心理暗示與錯誤的嚇唬方式

有些父母為了控制孩子行為，常常用「鬼怪」、「壞人」等恐怖的事物來嚇唬孩子，這種方式可能會迅速達到表面上的控制效果，但長期來說卻會對孩子造成嚴重的心理影響。孩子內心會產生持續性的恐懼感，逐漸發展出膽小怯懦的性格特質。

因此，家長應避免使用負面的恐嚇方式，而要透過正向溝通，讓孩子理解事情背後真正的原因，逐漸建立起內心的安全感。

缺乏鼓勵、過多的否定

當孩子努力表現自己，卻得不到家長正面回饋時，往往會變得越來越膽怯、越來越沒有自信。尤其是當家長在孩子表現時不以鼓勵回應，反而加以嘲笑或負面批評，孩子便會逐漸退縮，最終形成膽小怕事、缺乏勇氣的個性。

家長應注意孩子的努力與進步，適當給予鼓勵和讚美，這對孩子的性格成長非常重要，能有效幫助孩子培養出勇於嘗試的精神。

總而言之，孩子的膽小性格並非單一因素造成，而是綜合各種內在與外在因素共同作用的結果。父母必須仔細觀察、自我檢討，調整教育方式，營造積極支持的成長環境，才能有效協助孩子克服膽怯，逐步建立起勇敢、自信的人格，為孩子未來的成功奠定重要的基礎。

膽小的性格並非注定

專家指出，孩子的膽怯性格並非無法改變，只要家長能夠採取適當的方法，就能協助孩子克服心理上的恐懼與退縮，培養他們勇敢自信的品格。

兒童的性格在幼年階段可塑性很強，因此，家長提供給孩子的家庭環境與關愛程度，往往能對孩子產生深遠的影響。心理研究指出，在充滿愛與關懷的家庭中成長的孩子，情緒通常較穩定，性格也較開朗勇敢；相反，缺乏父母陪伴或關心不足的孩子，則容易出現膽怯、退縮，甚至焦慮的現象。

因此，家長必須花更多時間陪伴孩子，透過真誠的關懷，給予溫暖的情感支援，讓孩子能在穩定的心理基礎上逐漸建立起自信與安全感。

父母要成為勇敢的榜樣

孩子出生後，最初接觸的就是父母與家庭環境，家長的一舉一動都對孩子有深刻的影響。若父母本身經常表現出膽怯、逃避或過度緊張的態度，孩子通常會不自覺地模仿，久而久之，也容易形成相同的性格弱點。

因此，若想要孩子培養勇敢的個性，家長首先應從自身做起，面對問題或困難時展現正面的態度，以身作則，為孩子示範「勇敢」的具體意義。當孩子看見父母面對困難時依然從容不迫，自己也能逐漸培養出面對挫折與挑戰的勇氣。

鼓勵孩子拓展社交圈

孩子膽小的原因之一，就是缺乏足夠的社交經驗。許多孩子因為很少與外界接觸，導致在陌生人面前顯得羞怯、不敢主動表達。因此，家長可主動創造更多機會，帶孩子接觸新的環境，例如經常到公園或社區活動中心參與團體活動，讓孩子在與同齡人互動中慢慢建立起自信與膽量。

家長在這個過程中，不應急著指責孩子的不安或畏縮，而是要適當鼓勵，給予孩子空間慢慢適應。透過一次又一次的成功經驗，孩子自然能逐漸突破內心的障礙，變得更大方勇敢。

培養孩子的獨立性與責任感

膽小的孩子往往因為過度依賴家人，而缺乏處理問題的自信與能力。因此，家長應訓練孩子獨立完成一些力所能及的小事，透過逐步增加任務難度，讓孩子感受獨立解決問題所帶來的成就感。

在培養獨立性的過程中，家長不要總是幫助孩子或事事包辦，而應給予鼓勵與支持，讓孩子逐步養成面對問題、勇於挑戰的精神，從而培養出處理事情的自信與膽識。

善用正面鼓勵來激發孩子勇氣

有些家長習慣責罵或嘲笑膽小的孩子，認為這能激發他們改進，殊不知這種方式反而會加深孩子的自卑與恐懼。正確的方式應該是透過積極的鼓勵，幫助孩子建立信心。

例如當孩子主動與別人打招呼，或第一次勇敢表達自己的需求時，家長應立即給予稱讚和鼓勵，讓孩子體驗到勇敢表達自己的美好感受。久而久之，孩子便能逐步克服內心的羞怯，勇於展現自己。

善待孩子的錯誤，避免嚴厲指責

許多家長面對孩子的錯誤時，習慣用嚴厲的語言批評甚至責罵，這種教育方式只會讓孩子越來越害怕嘗試，擔心犯錯而不敢勇敢行動。因此，面對孩子的錯誤時，家長應避免情緒性的言論，而應耐心地引導孩子反思錯誤，並鼓勵孩子再次嘗試。

透過正面的引導與教育，孩子就會逐步減少對錯誤的恐懼，培養勇於嘗試的態度。

鼓勵孩子發展特長，增強自信

膽小的孩子常常觀察細緻、做事專注，家長可善用這種特質，鼓勵他們發展自己的專長，例如繪畫、音樂或手作。當孩子在自己喜歡的領域逐漸取得進步與認可時，就會建立起內在的自信。

家長可提供孩子更多展現自我特長的機會，例如在親友聚會中鼓勵孩子展示作品或才藝，讓孩子感受到自己能力受到認可的喜悅，進一步提升孩子的自信心與膽量。

勇氣來自於持續性的鼓勵與支持

改變孩子的膽怯性格並非一朝一夕的事情，需要家長持續耐心地陪伴與引導。透過長期的鼓勵、肯定與支持，讓孩子一步一步地累積成功經驗，逐漸養成積極、勇敢、自信的態度，最終走出膽怯的陰影，邁向健康且充滿勇氣的人生道路。

改變孩子性格時，應注意哪些細節？

營造家庭民主的氣氛

孩子性格的轉變並非一朝一夕的事，它需要父母長期而耐心的陪伴與引導。尤其是膽小內向的孩子，最需要的便是一個溫暖、民主的家庭氛圍。家長應該尊重孩子的感受，避免將自己的觀念和意願強加在孩子身上，而應耐心傾聽孩子的想法，即便是幼稚、不成熟的觀點，也應該給予足夠的理解與尊重。

孩子犯錯時，父母應避免情緒性的責備，更不要當眾斥責，應該耐心聆聽孩子解釋，理解孩子的出發點後再進行理性的引導。當孩子感受到父母對自己的信任與尊重，自然更願意表達自己，也就能逐漸克服膽怯心理。

及時矯正，但勿操之過急

父母一旦發現孩子膽小的傾向，就應該及早採取行動加以改善。然而，矯正的過程必須循序漸進，不可求快。父母應給予孩子充足的時間去適應新的行為模式，透過一步一步的練習，慢慢提升孩子的自信。

例如孩子不敢獨自出門買東西，父母可先陪同他去，協助他完成第一次嘗試，之後逐步拉開距離，慢慢鼓勵孩子獨立完成。這種循序漸進的方式，能讓孩子逐步克服恐懼，而不是讓孩子一下子陷入焦慮的狀態中。

避免當眾責罵或取笑孩子

有些家長習慣在親朋好友面前指出孩子的缺點，或是拿孩子曾經做過的一些可笑行為當作笑料，殊不知這種行為極易傷害孩子的自尊，使孩子內心更加自卑膽怯。孩子的自尊心十分敏感脆弱，家長應避免在公開場合責罵或嘲笑孩子，而應私下以耐心的態度進行引導和鼓勵。

樹立正面的榜樣

父母的言行舉止會對孩子產生深刻的影響，因此，若想培養孩子勇敢的性格，父母自己就應先展現出勇敢、積極的態度。平日可透過講述積極向上的故事，帶領孩子閱讀充滿正能量的書籍，逐漸讓孩子建立起內在的自信與勇氣。

尤其父親在培養男孩勇敢性格上扮演著關鍵角色，應多與孩子互動交流，陪孩子進行各種活動，讓孩子透過模仿父親的勇敢與堅毅，逐漸形成自己的勇氣。

避免用負面標籤定義孩子

當孩子表現出膽小或害羞時，有些家長習慣說「他就是膽小」、「這孩子沒用」等負面詞語。這種標籤式的語言只會進一步削弱孩子的自信心，讓孩子內心更加退縮。家長應避免使用負面評語，而應積極發現並肯定孩子的優點，幫助孩子逐漸建立自信。

此外，家長也應避免將孩子與其他比較活潑或勇敢的孩子進行比較，以免孩子產生更大的壓力與挫折感，反而阻礙孩子的改變與成長。

正確對待孩子的退縮行為

孩子表現出膽怯、退縮時，家長不應立即否定或責備，而要理解並接納孩子的情緒，給予耐心的安撫與鼓勵，逐步引導孩子嘗試突破，而不是強迫或威脅。透過不斷的正面強化，逐步降低孩子內心的恐懼與焦慮，培養孩子面對挑戰的勇氣。

教育態度堅定但不嚴苛

家長應樹立堅定且一致的教育態度，避免過度溺愛或嚴苛的指責。許多孩子的膽小是來自家長過度的保護，或過於嚴格的管教，使他們失去了自我決策和解決問題的能力。因此，家長在教育上要做到有原則但不苛刻，提供孩子自由探索與嘗試的空間，並在孩子犯錯時，以鼓勵、耐心的態度進行引導，幫助孩子逐步建立起獨立與自信的品格。

總而言之，改變孩子膽怯的性格需要家長持續耐心的陪伴、引導與鼓勵，透過民主平等的態度、循序漸進的方法、以及正向的教育氛圍，幫助孩子逐步克服內心的恐懼，成為勇敢、自信的個體。

家長互動工具：一週「信心觀察日誌」

日期	孩子主動嘗試的行為	家長給予的正向回饋	孩子的反應或變化
一			
二			
三			
四			
五			
六			
日			

請家長每日記錄一次孩子的「主動行為」，不管大小，再記下當下給出的肯定與孩子的反應，透過這樣的書寫，你會慢慢發現孩子的自信是可以被「看見」與「培養」的。

第二章
打造勇敢性格，從家庭氛圍開始

家庭是孩子性格養成的起點，也是他們心靈最初的避風港。若能營造一個尊重彼此、充滿關愛與理解的家庭氛圍，孩子在這樣的環境中自然會學會信任與表達，也更容易建立起自信與勇氣，逐步發展出靈活、果敢又有主見的性格，為未來的幸福生活與事業成功奠定堅實基礎。

相對地，若孩子長期處在充滿壓力、冷漠甚至責備的家庭中，他們的內心可能會逐漸封閉，容易產生自卑、退縮的傾向，久而久之變得缺乏安全感，難以面對外界的挑戰，甚至在人生道路上屢屢受挫、無法展現潛力。

因此，年輕的父母更要以身作則，學會在日常中傳遞正向價值與情緒，無論是說話的語氣、行為的表現，皆會成為孩子模仿與學習的對象。別小看任何一個舉動，它可能正悄悄地塑造著孩子一生的模樣。

用愛與包容給予孩子勇氣

家庭環境對孩子的個性培養與成長有著深遠的影響。一個充滿愛與包容的家庭環境，能讓孩子培養出積極、勇敢、自信的性格；相反地，一個充滿指責、嚴厲與壓力的家庭環境，則會讓孩子變得更加膽小、自卑，甚至逃避現實。

孩子的內心世界就如同一株植物，需要細心澆灌與呵護，才能茁壯成長。因此，家長應當努力創造一個充滿溫暖與理解的家庭氛圍，這不僅是孩子性格成長的最佳養分，更是培養孩子克服羞怯與膽小的最佳環境。

建立溫暖且穩定的家庭關係

家長之間的和諧與穩定，是孩子心靈安全感的重要來源。許多時候，父母不經意間的衝突或冷戰，往往對孩子造成極大的心理壓力。有的孩子因家庭氣氛緊張，而變得膽怯、退縮，不敢表達自我，甚至不敢主動與他人接觸。因此，父母必須避免在孩子面前爭吵或展現出不和睦的態度。

同時，父母也應該及時了解並關心孩子內心的感受，例如，若孩子因家庭某些情況而感到壓力，家長應主動開導、引導孩子表達內心的疑問與憂慮，避免孩子因長期壓抑而養成孤僻、膽小的性格。

切勿給予孩子過重的心理負擔

很多家長對孩子有過高的期望，總是希望孩子在各方面都表現突出，因此經常對孩子施加過多的壓力與限制。長此以往，孩子內心產生焦慮感與自卑心理，認為自己永遠無法達到父母的標準，漸漸變得膽怯、退縮。

家長應懂得適度放手，避免給孩子設定不切實際的目標，並接受孩子偶爾犯錯或失敗的現實。適時放鬆對孩子的要求，能讓孩子內心更輕鬆自在，更有勇氣嘗試與面對新事物。

避免言語上的嘲笑與譏諷

有些家長習慣用譏諷或嘲笑的方式，指出孩子的缺點，認為這能夠激發孩子進步。事實上，這種方式往往只會讓孩子更加自卑膽怯，失去勇於嘗試的動力與信心。孩子的內心是敏感且脆弱的，父母若經常使用負面語言，孩子往往會因此產生強烈的羞怯感與退縮行為。

因此，父母應避免用負面的方式指責孩子，更不可當眾嘲笑或譏諷，而應採取正面鼓勵的方式引導孩子，培養孩子自信心的同時，也幫助孩子克服內心的膽怯。

缺乏尊重會讓孩子更膽小

人與人之間講求相互尊重，這是維繫良好關係的重要基礎。但很遺憾的是，許多家長對待自己的孩子卻忽視了「尊重」的重要性。常常有家長認為，孩子年紀尚小，缺乏獨立的判斷力，因此經常忽略了孩子內心的感受。

有時家長會表現出缺乏耐心，不願傾聽孩子的話，甚至直接否定或打斷孩子的想法；有些家長習慣把自己的情緒發洩在孩子身上，經常莫名其妙地指責、嘲笑甚至責罵孩子。這些看似微不足道的行為，長期下來，會造成孩子心理上沉重的壓力，嚴重削弱孩子的自信，導致孩子變得退縮、膽怯。

家長的不尊重，不僅會傷害親子關係，也可能讓孩子出現嚴重的心理問題。他們可能與家長衝突不斷，形成惡性循環；也可能變得孤僻沉默，選擇逃避與家長的交流；甚至可能成為唯唯諾諾的人，完全失去自己的主見。最終，孩子可能因缺乏自信，變得膽小怕事、害怕挑戰。

因此，要培養出勇敢、自信的孩子，首先，家長必須學會尊重孩子。

尊重讓孩子更勇敢

10 歲的男孩小哲，他在家中經常表現得非常沉默、膽怯，不太敢主動與人交談，即使是在學校也從不舉手發言。經過老師與家長的觀察發現，小哲之所以變得如此膽小退縮，是因為父母從來沒有認真聆聽他的想法。每當小哲試圖表達自己的觀點時，父母總是不耐煩地打斷他，甚至嘲笑他的想法幼稚可笑。

意識到這一點後，小哲的父母決定改變方式，從認真傾聽開始，給予小哲充分的尊重與鼓勵。當小哲有新的想法時，父母總是耐心地聽完，並給予正面的回應：「你的想法很有創意，不妨試試看吧！」他們也不再隨意翻看小哲的個人物品，而是懂得讓他擁有自己的隱私空間，進入他的房間前，也會輕輕敲門，詢問他的意見。

經過一段時間，小哲慢慢變得勇敢起來，開始願意主動與父母分享自己在學校的趣事，也逐漸敢在同學面前表達自己的想法，性格也更加開朗自信了。

這個案例告訴我們，尊重不僅能拉近父母與孩子之間的距離，更能幫助孩子建立健康的自尊心，逐漸走出膽怯的陰影，勇敢面對各種挑戰。

學會尊重孩子的方法

要做到真正尊重孩子，家長可從以下幾個方面著手：

給孩子平等的發言機會

不管孩子的想法聽起來多麼幼稚或不成熟，都應該耐心聽完。不要急於否定或嘲笑，應給予正面引導與鼓勵，使孩子勇於表達自己。

尊重孩子的隱私權

無論孩子年紀多小，他們也有屬於自己的私人空間。家長不要隨便翻看孩子的東西，進入孩子的房間前應先敲門，徵得孩子的同意。透過這種尊重，孩子也學會了尊重他人。

不要任意嘲笑或指責孩子

當孩子分享自己的夢想或理想時，不要立刻否定，更不要冷嘲熱諷，應該鼓勵孩子勇於追求。當孩子遭遇失敗時，也應以溫和的態度安慰、鼓勵，而非冷眼旁觀，甚至幸災樂禍。

採取「平視」的方式溝通

家長應當採用平等的語氣與孩子交談，避免用「高高在上」的口吻。平視的姿態能夠讓孩子更自在地表達想法，並逐漸建立自信。

虛心接受孩子的意見

父母並非永遠都是對的，應該鼓勵孩子表達對家長的建議，當家長能放下架子，虛心接受孩子意見時，親子之間的關係自然更加親密，孩子也會更有自信。

培養孩子的權利意識與勇氣

尊重孩子的另一個重要層面，就是幫助孩子知道自己的權利。家長應該教導孩子了解自己有什麼權利，並在家中真正尊重這些權利，讓孩子逐漸懂得如何勇敢地捍衛自己的權益，從而逐漸變得自信與勇敢。

一個懂得自己權利的孩子，通常更勇於面對外界的壓力，也更有能力在未來獨立處理問題，走上成功的道路。

總而言之，學會尊重孩子，是每位家長應具備的重要教育觀念。當孩子在尊重與愛的環境中成長，他們內心的膽怯自然會逐漸消散，取而代之的是健康、自信、積極向上的態度，並勇敢地面對未來的人生道路。

學會傾聽，與孩子心靈相通

每當天氣轉涼，許多父母都習慣性地叮囑孩子穿暖一些、吃得好一些，因為他們擔心孩子受涼感冒。然而，家長常忽略的一點是，孩子內心的感受是否也同樣被關注到了呢？現代家庭裡，家長多半忙於工作或家務，即使與孩子待在一起，也常常只是關注孩子的學業成績、身體健康，而忽略了孩子心理的需求與變化。

當孩子表達自己的情緒與想法時，不少家長會習慣性地忽略或否定，甚至誤解成「無理取鬧」。時間一久，孩子逐漸學會將情緒與煩惱壓在心底，不敢表達，也不願與父母溝通，進而變得越來越膽小、孤僻、自卑。事實上，孩子的成長過程中，也會有情緒波動、壓力與挫折，他們更需要的是家長的理解、支持與傾聽。

而傾聽，不僅能有效拉近父母與孩子之間的距離，更能幫助孩子養成自信、勇敢與主動表達的性格。因此，家長必須學會正確的傾聽方式，以避免不當的溝通造成孩子膽怯、逃避與封閉的性格。

傾聽孩子需要正確的方法

很多父母常犯的錯是：在溝通時不是耐心傾聽，而是急著表達自己的觀點、指責孩子的錯誤或否定孩子的想法。這種方式容易讓孩子內心受挫，形成膽小怕事的性格。

因此，家長必須學會用心傾聽，掌握以下幾個原則：

專注傾聽孩子的話

當孩子向你傾訴時，應該放下手頭工作，給孩子一個完整、專注的時間，表示你願意並且樂意傾聽他們的想法。眼神專注、語氣溫柔，偶爾點頭回應，這些動作都能讓孩子感覺受到重視，增強孩子的自信，願意表達自己內心真實的情緒與想法。

不要輕易打斷孩子的話

許多家長在孩子話沒說完時就急於回應，甚至急著表達自己的看法。例如孩子說：「今天我跟同學……」話還沒說完，父母就急忙插話：「你們是不是又吵架了？」這樣的行為會使孩子產生壓力或挫折感，長久下來甚至導致孩子不再願意主動開口。正確的做法是，先讓孩子完整說出他的想法或感受，然後再給予恰當的回應或建議。

不要讓孩子在談話中感到難堪

當孩子與你分享他的興趣或發現時，父母若立刻用否定或拒絕的語氣回應，可能使孩子感到難堪，並且失去表達的勇氣。例如，當孩子興奮地跟你分享一個他覺得很有趣的事物，父母馬上回應說：「這沒什麼了不起的！」這樣的回應方式不僅傷害了孩子的自尊，也降低了他未來繼續表達意見的勇氣。正確的方法是耐心傾聽孩子的分享，然後再正面地表達自己的想法，提供適當的指導。

避免輕視孩子的情感

許多父母會因為覺得孩子還小，就隨意嘲笑或輕視孩子所表達的情感。比如當孩子跟你分享他的喜歡或愛好時，父母不應該用嘲笑或不以為意的態度對待，這樣很容易傷害孩子敏感的內心世界，使孩子失去對父母的信任，變得不再願意吐露心聲。正確的態度是認真對待孩子的每個想法與情感，並且給予適當的肯定或引導。

透過回應與重複孩子的話，鼓勵表達

當孩子講完自己的話後，家長可以適當重複一下孩子說過的關鍵字句，如「你今天上體育課很開心啊」、「你覺得老師很喜歡你」等等，這種回應方式會讓孩子感覺父母真正聽進去了，也願意繼續開放心扉與你溝通。

傾聽中發現孩子的閃光點

在傾聽的過程中，家長應善於發現並及時讚美孩子的優點，例如孩子講述了一個簡短的小故事，家長應給予肯定：「你說得真棒！越來越會表達了！」這樣的正面回饋，能提升孩子的自信，鼓勵孩子更主動地去表現自己，並在未來能夠更加積極與勇敢地面對挑戰。

傾聽是親子關係的橋梁

傾聽是良好親子關係中最重要的橋梁之一，當父母願意認真傾聽，孩子自然會願意與你分享內心的世界，進而培養出自信、勇敢的性格。

當孩子緊張或困惑時，家長的耐心傾聽能有效舒緩孩子內心的壓力；當孩子興奮或開心時，家長真誠的傾聽與共鳴，也會讓孩子更加積極與自信。孩子在被理解、被尊重的氛圍中長大，他們會更加勇敢地表達自己、善於面對挑戰，也會更加健康、快樂地成長。

總之，學習傾聽不僅是家長教育子女的重要課程，更是培養孩子性格最重要的一個環節。家長應從現在開始，真正做到傾聽孩子的心聲，成為孩子心靈上最信賴的朋友與導師，陪伴他們走出膽怯與封閉，勇敢地邁向光明、幸福的人生。

學會換位思考，走進孩子的內心世界

小凱今年國小三年級，有一天放學後，他開心地跑回家告訴爸爸：「爸，今天老師在課堂上說我的畫畫得很好，還稱讚我有創意！」爸爸卻看了看小凱，皺著眉頭說：「畫畫能有什麼用？你上次數學考得那麼差，還不如多花點心思補救一下！」小凱本來滿臉的興奮瞬間被澆熄，臉色黯淡了下來，從此也變得不太願意再主動跟爸爸分享自己在學校的事。

很多家庭都出現過類似的情況。家長覺得自己是為了孩子好，才會進行比較，希望激勵孩子更努力。但家長忽略了孩子的內心感受，他們可能需要的並不是比較，而是家長的認同與鼓勵。當父母經常以成人的觀點強加評斷，沒有試著理解孩子的心情時，孩子自然就會漸漸封閉內心，甚至產生對立情緒。

理解孩子的真實感受，避免親子衝突

許多家長往往容易用自己的感受去評價孩子的行為，忽略了孩子的真實需求。假如某一天，孩子向媽媽說：「媽媽，我今天不想去補習班了，真的好累。」家長可能會立刻回應：「你哪有什麼好累的？我上班才累呢！」或者說：「你每天才補習兩個小時，就喊累，那別人怎麼能堅持？」家長這種回應方式傷害了孩子，忽略了孩子心中的真實感受，久而久之，孩子可能不再願意表達自己的心聲，變得退縮與自卑。

換位思考的做法應該是，家長可以先試著理解孩子的情緒，輕聲地說：「你覺得很累嗎？是不是最近學校功課太多了？可以跟我聊聊嗎？」透過這樣的對話，孩子會感受到家長的關心與理解，更願意敞開心房，與父母保持良好的溝通。

用孩子的視角看世界，
建立更緊密的親子關係

許多時候，家長若能暫時放下大人的視角，真正站在孩子的角度去體會他的處境，彼此的衝突便會自然減少。

小芸的父親平常工作很忙，很少有時間陪她。有一次，小芸在學校有舞蹈表演，她邀請父親來觀看，父親答應了。表演當天，父親卻因臨時會議而沒有出席。回家後，小芸一臉難過，父親卻覺得小芸無理取鬧：「爸爸是去賺錢養家，

妳還不懂事？」父親沒有察覺，小芸其實並不是要無理取鬧，而是真心希望得到父母的陪伴和支持。

倘若這位父親能夠換位思考，想像一下自己的孩子站在舞臺上，希望從臺下看到父母支持的眼神，他可能就能理解女兒的失望與委屈，進而向女兒真誠道歉，彌補親子關係上的裂痕。這種換位思考，能夠讓孩子感受到父母對自己的重視，進而更加願意與父母分享內心的想法，親子關係自然也會更加緊密。

創造溫暖的對話氛圍，鼓勵孩子說出真心話

家長能夠常常示範換位思考，對孩子未來的人際關係與情商培養都有極大的幫助。當孩子與朋友發生爭執時，家長可以引導孩子：「如果你是他，你當時會有什麼感覺？」透過這樣的引導，孩子會漸漸理解如何從別人的角度思考問題，學習體貼他人，並培養良好的人際互動能力。

要達到換位思考的效果，家長首先需要創造一個溫暖的家庭氣氛。當孩子跟你說話時，家長應當專注傾聽，不要邊聽邊滑手機或做其他事情。家長還應該盡量讓自己的語氣溫和，讓孩子感受到說話是被尊重的，孩子才會更願意主動敞

開心扉，與家長溝通內心的真實感受。

當孩子分享一些心裡話時，家長應該試著多鼓勵，少責備，即使孩子說錯了或想法不成熟，家長也應該用正面的方式引導孩子，避免直接責罵、打擊孩子的自信。如此一來，孩子將更願意將內心真正的感受告訴家長，形成良好的親子溝通模式。

換位思考的力量，成就良好親子關係

換位思考是一種能拉近親子距離的重要方法。家長若能經常嘗試從孩子的視角看待問題，真正理解孩子的內心世界，就能幫助孩子形成健康、正向、自信的性格。透過日常的換位思考，孩子會感受到被理解與尊重，家長也能在這個過程中，更清楚地了解自己的孩子，使親子之間充滿互信與溫暖，建立更加緊密和諧的家庭關係。

寬容引導，勝過嚴厲責罵

每個孩子在成長的過程中，總是難免犯下一些錯誤，身為家長，若能給予適當的理解與寬容，往往比嚴厲的指責或懲罰更能打動孩子的心，引導他們自發地改正錯誤。正所謂：「良言一句三冬暖，惡語傷人六月寒。」家長在孩子犯錯時展現出的寬容態度，不僅讓孩子感受到父母的信任，也更容易激發他們自我反省的能力，真正從內心接受教誨。

喬治年少時是個調皮叛逆的孩子，曾在學校惡作劇，老師通知了家裡，原以為嚴厲的父親會狠狠懲罰自己。然而出乎意料的是，父親非但沒有責備他，反而只是輕聲問他：「為什麼會做這樣的事呢？爸爸相信你有自己的原因。」喬治當下感受到強烈的愧疚，從此再也沒有犯下類似的錯。他後來回憶道：「父親當年的寬容比任何責備更有力量，讓我真正意識到錯誤，從內心發出改變自己的決心。」

可見，當家長願意以理解和包容代替責罵與懲罰，更能幫助孩子真正體認到錯誤，從而主動改正，並建立起良好的自我認知與道德觀。

寬容不代表放任，而是給孩子反省的空間

在生活中，許多家長認為對孩子寬容就等於放縱，但其實，寬容並非毫無原則的縱容，而是用更有智慧、更體貼的方式去引導孩子。當孩子犯錯時，家長應冷靜地先與孩子溝通，了解他犯錯的原因，再耐心引導孩子思考：「這樣做會有什麼後果？」、「有什麼更好的做法嗎？」藉由這種方式讓孩子學會主動反省，而不是被動接受責罵。

小傑有次不小心弄壞了爺爺最喜歡的花瓶，本來害怕得哭了起來，覺得爺爺一定會很生氣。然而，爺爺並沒有責備他，而是柔聲說：「沒關係，東西壞了可以再買，但我們要學習如何小心一點，好嗎？」小傑聽完後，更加自責，主動承認自己剛才是因為追逐打鬧才導致的，並向爺爺保證，以後再也不會如此粗心。爺爺的寬容讓小傑明白了犯錯要勇於承擔，也懂得更加小心謹慎。

因此，寬容不但不是放任，反而是給孩子一個反省自我的空間，讓孩子從心底接受錯誤並且願意改正，進一步養成負責任的態度。

運用智慧的寬容，培養孩子的自覺性

雖然寬容的態度有助於孩子的成長，但若過於寬容或毫無界限，也可能導致孩子缺乏自覺性，甚至無法意識到自己的錯誤。因此，家長除了適時寬容外，還要善用智慧引導孩子建立起自覺性。當孩子犯錯後，家長可以與孩子共同分析錯誤產生的原因，並引導他們思考：「這次錯誤帶來什麼影響？」藉此幫助孩子清楚地看到自己的責任，並培養承擔後果的意識。

例如，小靜因為一時粗心忘記帶課本，老師打電話告訴媽媽。媽媽知道後，沒有馬上責罵，而是平靜地跟小靜說：「今天忘記帶課本了，你是不是上課會不方便？下次我們可以怎麼做才能避免呢？」媽媽的態度讓小靜感到自己受到了尊重，也更願意承擔這次粗心造成的不便，從此更加主動自覺地檢查自己的物品。

透過這種智慧型的寬容，孩子不僅學會為自己負責，還能從錯誤中培養出良好的行為習慣。

父母的寬容，是給孩子最好的榜樣

父母的一言一行對孩子都有著深遠的影響，家長平時如何對待他人的過錯，孩子看在眼裡，往往也會在無形之中受到潛移默化的影響。如果家長平常對待家人或他人的小缺點能夠寬容以待，不會因為一點小事斤斤計較，孩子也會在這樣的家庭氛圍中，養成寬容、有同理心的好性格。

孩子的心靈如同一片尚未完全成熟的田地，需要父母用耐心、智慧的寬容去灌溉，才能培養出一顆懂得尊重、包容他人的心。父母如果願意在教育孩子的過程中，經常以寬容的態度面對孩子的不足之處，不但能有效地促進親子間的和諧，也能讓孩子懂得如何正視自己的錯誤，培養出健全的自我觀念。

家長若能善用寬容，陪伴孩子一路成長，不僅能塑造出勇於承擔、敢於面對錯誤的孩子，更能幫助他們在未來的人生道路上，更加自信、從容，成為一個真正成熟而有智慧的人。

美國家庭的教育智慧

建立自信與安全感

美國教育專家長期強調，建立孩子的自信與安全感，是良好教育的基礎。首先，家長應確保孩子能在溫暖、安全的家庭中成長，讓孩子明白，他永遠是家庭的一分子，無論發生什麼事情，他都會受到家人的保護與支持。當孩子從小感受到這樣的歸屬感時，未來面對挑戰時，他們才會更勇敢、更有信心，並且願意主動探索世界，培養良好的社交與適應能力。

例如，美國許多家庭會給孩子固定的私人空間，讓孩子有足夠的自由進行自己的創意活動，即使房間弄亂了，父母也不會隨意責罵孩子，因為這些創意活動能培養孩子獨立思考與主動探索的能力。這種教育觀念與傳統的嚴格管束形成鮮明對比，目的是讓孩子感受到父母的尊重與信任，並逐步建立對自我的肯定。

以身作則，培養獨立性

美國家庭教育的一個重要特點就是「身教重於言教」。家長除了教導孩子遵守規則之外，更會以實際行動示範給孩子看。美國父母通常認為，孩子的價值觀、處事方式，甚至是人際交往模式，大多是從家庭中模仿而來。因此，他們特別注重自己的行為舉止，會努力成為孩子的好榜樣。例如，當孩子犯錯時，美國的父母多半不會直接以打罵或嘲笑的方式處理，而是耐心引導孩子理解問題的真正原因，並鼓勵孩子獨立思考，自己找出解決方法。如此一來，孩子逐漸養成獨立解決問題的能力。

美國父母也鼓勵孩子從小與不同背景的人交往，無論種族、階級、年齡或文化，他們相信這種多元化的互動有助於拓展孩子的視野，並培養對他人的尊重與包容心。

尊重孩子的想法，避免情感傷害

美國家庭的另一項重要教育觀念是尊重孩子的情感需求與個人想法。許多家長在與孩子溝通時，會認真傾聽孩子的看法與意見，給予適當的回饋，而不是隨意否定。美國父母通常會主動鼓勵孩子表達自己的想法，即使孩子的看法尚未成熟，也會耐心引導，而非輕率地嘲笑或責罵他們。

例如，美國家長不會輕易地把自己的價值觀強加在孩子身上，而是鼓勵孩子有自己的獨立判斷，讓孩子慢慢意識到自己行為可能帶來的結果，而非簡單粗暴地懲罰孩子。父母會明確地告訴孩子什麼是道德與法律的界限，但同時也會給孩子足夠的自由空間，讓他們在成長過程中逐漸培養對自我與他人的責任感。

培養同理心，鼓勵孩子自我探索

美國的教育觀念強調同理心的重要性。許多父母從小就教孩子設身處地地為別人著想，不僅在家庭中對待父母與手足如此，對待同學、朋友也同樣重要。因此，當孩子發生人際衝突時，美國父母很少直接插手干涉，而是鼓勵孩子自己去思考：「如果我是對方，我會怎麼想？」透過這種換位思考，孩子更容易理解別人的感受，從而化解誤解與衝突，並在過程中培養出成熟的人際溝通技巧。

美國父母也鼓勵孩子勇敢嘗試新鮮事物，允許他們犯錯。透過實踐與試錯，孩子不僅能從經驗中學習，也會更深刻地了解自己的特質與潛能，逐步形成對自我的了解與肯定。

用愛與自由滋養孩子的成長

美國家庭教育中最受重視的精神之一，就是透過愛與自由來滋養孩子的成長。許多美國家長都相信，孩子成長最重要的並不是一味地要求他們服從，而是要讓孩子感覺到家庭的溫暖與支持，並給予適當的自由，讓他們有空間探索自己的興趣與才能。

例如，美國家長常常會主動和孩子進行對話，願意花時間聆聽孩子的心聲，而非只強調自己的要求。他們也會尊重孩子個人的隱私與選擇，例如孩子有自己的興趣、喜好、朋友與個人空間，家長不會輕易干涉，而是在孩子遇到困難或需要幫助時，才給予適當的支持與引導。

總結來說，美國家庭的教育智慧主要強調給予孩子充分的愛與尊重，建立健康的親子關係，透過身教言教、同理心的引導以及自由探索的機會，幫助孩子培養自信、自律、獨立、負責的優秀品格。這種教養觀念，值得所有父母深入思考與借鑑。

第三章
自信，是孩子邁開步伐的關鍵力量

自信是孩子內在力量的根源，也是成長路上不可或缺的「心理養分」。這份正向的心理特質，能夠潛移默化地影響孩子的情緒與行為，讓他們在學習與生活中展現出積極主動的態度。若一個孩子擁有穩定的自信心，他往往更能以開朗的心態面對困難，在人際互動中顯得落落大方，面對挑戰也更願意嘗試、不輕言放棄。

對當今的孩子來說，未來的世界變化快速、競爭激烈，只有從小建立起堅實的自信心，他們才能在風起雲湧的環境中不慌不亂，勇敢掌舵自己的人生。這份自信，猶如一艘啟航的船帆，帶領他們穩健前行、穿越風浪，朝著夢想的方向前進。唯有相信自己，孩子才能真正擁抱未來的無限可能。

自卑心理，讓孩子失去勇氣

自卑是一種過度自我否定產生的負面情緒。當孩子陷入自卑的陰影時，內心常會產生強烈的逃避心態，逐漸喪失面對現實的勇氣。

小玲是國小四年級學生，她天生有些口吃，說話時經常斷斷續續，同學們經常拿她開玩笑，甚至模仿她講話。久而久之，小玲越來越自卑，變得不愛說話，上課從不主動回答問題。儘管她的課業表現不差，但因為害怕被嘲笑，總是主動放棄參加任何需要公開表現的活動。有一次學校要舉辦朗讀比賽，老師認為小玲的語文能力很好，便鼓勵她參賽，但小玲卻一再推辭，私下哭著對媽媽說：「我真的不行，他們一定會取笑我！」自卑讓小玲失去了展現自我的機會，也讓她變得膽小、退縮，遠離成功。

在日常生活中，像小玲這樣因為自卑而喪失勇氣的孩子並不罕見。他們經常以「我不行」、「我做不好」、「別人會笑我」等理由來拒絕嘗試，長期下來，這樣的自卑心理嚴重阻礙了孩子的發展，讓他們錯失很多可以發揮才能的機會。

自信帶來勇氣與成功

自卑讓人膽怯退縮，相對而言，自信則是一種強大的精神力量，能夠激發人的勇氣，讓人積極面對挑戰。

曾有教育心理學家做過這樣的實驗：他將兩個能力相當的班級分別交給兩位老師教導，其中一位老師被告知他所教的是表現特別優秀的學生，另一位老師則被告知學生較差、需要多加努力。經過一段時間後，被視為「優秀學生」的班級不僅學習態度更積極、表現更有自信，實際的測驗成績也明顯提高；而被視為「落後學生」的班級，則因老師的期待較低，學生逐漸失去自信，導致整體表現退步。這個實驗證明，自信不僅能增強人的勇氣，更能有效提升實際的行動力和學習成效。

孩子擁有自信後，便會更勇於接受挑戰，即便遭遇挫折，也能從中站起來，持續努力，最終取得成功。因為自信能讓孩子相信自己有能力克服困難，內心更有勇氣面對一切未知。

小宇是個性格害羞且自我懷疑的孩子，雖然學習成績優異，但他總覺得自己在其他方面不如人，因此不願參加學校的任何活動。小宇的媽媽發現了這個問題，決定透過鼓勵與肯定的方式幫助他建立自信。有一次學校舉辦演講比賽，媽媽鼓勵小宇試試看，並告訴他：「媽媽相信你一定做得到，即使這次不成功也沒關係，重點是你敢站上臺，就已經很棒了。」

在媽媽的鼓勵下，小宇鼓起勇氣走上講臺，雖然最初他聲音有些顫抖，但想到媽媽鼓勵自己的話，他很快便鎮定下來，最後竟然取得了比賽的佳績。這次成功的經驗讓小宇逐漸擺脫自卑的束縛，變得更加自信，更願意主動去嘗試不同的事物，也慢慢贏得同學的肯定和尊重。

自信對一個孩子的成長相當重要，它就像一把鑰匙，能幫助孩子打開通往成功之門，讓他們真正學會勇敢地面對各種挑戰。

培養孩子自信的方法

身為家長，我們必須了解自信是培養孩子勇氣最有效的途徑之一。以下幾點是家長可以運用的方法：

首先，多鼓勵孩子，肯定他們的優點，讓孩子感覺到父母的信任與支持。例如孩子完成了一件小事，家長也可以適時讚美：「你做得很好，我知道你能做到的！」

其次，當孩子遇到挫折或失敗時，父母不應一味指責，而應耐心地幫助孩子分析失敗原因，給予適當的鼓勵，讓孩子知道失敗並不可怕，從失敗中學習才是最重要的。

再者，鼓勵孩子參與各種不同的活動，勇敢嘗試並表現自己。透過不同的體驗，孩子會更了解自己的長處與短處，進一步建立自信心。

總之，家長若能善於培養孩子的自信心，必能有效克服孩子內心的自卑心理，使他們成為勇敢、自信且樂觀的人，最終走向成功的人生。

了解自我，
才能避免陷入自卑的泥淖

從心理學的觀點來看，「自我認定」就是一個人如何看待和評價自己，是形成自信心不可或缺的重要元素。一個擁有自信的孩子，通常對自己的認知較為清晰；反之，自卑的孩子往往只看到自身的不足，無法客觀評價自己的真正價值，因此難以培養出穩固的自信。

明明是一名小學五年級的學生。他的個性文靜，不擅長運動，每次上體育課，他總是躲在隊伍後面。久而久之，明明對自己運動方面的不足越來越敏感，甚至開始覺得自己什麼都比不上別人，逐漸變得自卑，對自己失去了信心。其實明明不僅在數學方面很有天賦，還擅長畫畫，可惜他從未真正注意到自己的這些優點，總是把眼光放在自己不擅長的地方上，結果越來越缺乏自信，讓他錯過了許多展現自我潛能的機會。

這樣的例子在生活中並不少見，因此家長必須引導孩子客觀地評估自己，幫助孩子從整體上看待自己的優缺點，避免陷入自卑的情緒中。

學會全面了解自己，客觀評價自我

家長可以適時引導孩子，幫助他們發掘自身的各種特質，例如請孩子列出自己的興趣、優點以及特長，即便看似微小的優點，也要鼓勵孩子去察覺與肯定。當孩子清楚地意識到自己的長處時，自卑的負面情緒自然會漸漸減弱。同時，家長也要教導孩子，以理智的態度去面對自己的不足，不要將缺點看得過於嚴重，而應視為一個可以不斷進步的機會。

這樣的方式能有效避免孩子陷入自我否定的循環，幫助他們建立健康的自我觀念，逐步累積出強大的自信心。

揚長避短，將自卑轉化為成長動力

俗話說：「尺有所短，寸有所長。」每個人都有自己獨特的長處和不足，若總是聚焦於不足之處，就算是天才，也難免變得畏手畏腳。然而，如果能善用自己的優勢，並且積極努力改善弱點，即使是身體有缺陷的人也能創造出精彩的人生。

家長若想幫助孩子從自卑的陰影中走出來，就必須積極引導孩子發現自己的特長，並且提供機會讓孩子充分發揮。

當孩子能在擅長的領域感受到成功的喜悅後，便能建立更深層的自信，也能更有勇氣去面對自己的不足，從而把自卑感轉化為成長的動力，奮力向前。

教孩子看到自己的亮點，建立正面心態

小敏的作文一直寫得不好，但她的老師並沒有因此而責罵她，反而耐心地在小敏的作文中找出幾個寫得比較有創意的句子，並且大力讚美。小敏受到老師的鼓舞後，更認真地練習寫作，逐漸建立起自信，作文能力也慢慢提升了。

這種做法就是透過強調孩子的優點，幫助孩子看到自身的亮點。孩子一旦發現自己有值得肯定的地方，內心的自我認同就會逐漸增強，進一步鞏固他們的自信心，激勵他們勇於嘗試、繼續努力。

家長可以鼓勵孩子每天或每週記錄自己完成的任何一件小事，無論是完成了一次作業、主動幫忙做家務，或克服了一個小困難，都是值得讚許的。也可以讓孩子定期寫下或大聲說出一些鼓勵自己的話，例如「我做得到！」、「我會越來越棒！」或「我是一個勇敢的孩子！」等等。這樣的自我肯定練習，有助於幫助孩子培養正面的心理暗示，久而久之，內心的自我認同感便能逐漸強化，提升自信心。

「了解自我」的深刻意涵

「了解自我」這句箴言，歷經數千年來，始終是人類智慧追求的重要主題。一個人能否發揮潛力、成為傑出的人，關鍵就在於是否能真正看清自己、認同自己。因此，培養孩子肯定自我的能力，是家長們教育孩子最關鍵的課題之一。

當孩子能夠坦然面對自己、接納自己，清楚自己的長處與不足時，自信心自然會建立起來。這樣的孩子，未來無論遇到什麼挑戰，都能勇敢面對，從容不迫地展現自己真正的價值。

自信來自實踐中的肯定與累積

「我做得到！」這句話看似簡單，卻蘊含著孩子內心最強大的力量 —— 勝任感。什麼是勝任感？那是孩子相信自己能做好某件事的信念，是自信心最根本的基礎。只有當孩子在實際生活與學習中感受到「自己能勝任」時，才會逐漸累積出一份發自內心的自信。而這份信念，不會憑空而來，更需要家長的鼓勵、引導與信任來培養。

就像高雄國小五年級的小澄，剛轉學時一向安靜，體育課總站在場邊不敢參與。一次班級接力比賽，體育老師意外安排她當替補。沒想到在比賽最後一棒時，主力隊員臨時腳抽筋，老師便讓小澄上場。儘管緊張，但小澄憑著平時默默練習的體能，堅持跑完最後一圈。雖然沒贏，但全班鼓掌叫好，老師也當眾說：「小澄做到了！」這一聲肯定讓小澄紅了眼眶，之後她變得主動參與活動，學業也更積極。

這就是勝任感的力量 —— 來自一次次做成某件事的感受。家長如果希望孩子自信，不如從培養「勝任感」開始。

給予信任與挑戰，讓孩子自己體會成就

許多家長常出於擔心，總想代替孩子解決事情：功課怕他寫不好，做家事怕他弄亂，甚至出門都不敢讓他自己搭公車。這些過度保護，往往讓孩子失去了自我鍛鍊的機會，也間接剝奪了孩子建立勝任感的可能。

不妨換個方式，讓孩子「做中學」。例如：讓孩子學著自己準備明天上學要帶的東西，或在家擔任簡單的小幫手，如洗碗、整理書桌、澆花……這些看似平凡的小任務，只要孩子完成一次，就會有「我做到了」的體會。

當孩子完成任務時，家長可以肯定地說：「我看見你今天很用心，做得很好！」即使做得不完美，也能說：「這次很棒，下次我們再想辦法做得更好！」這些正面回饋，遠比嘮叨或責備更能激起孩子想進步的動力。

當孩子失敗時，先陪他站穩

勝任感並不意味著孩子事事都能順利成功。有時候孩子努力後仍失敗，這正是培養抗壓與自我調整的黃金時機。家長不該馬上代勞，也不應一味責怪，而應和孩子一起回顧過程，分析原因，再鼓勵他「再試一次」。

像是國中生世昕曾經參加校內話劇比賽，卻因為忘詞卡住，錯過了全班精心設計的關鍵橋段，淚灑後臺。爸爸沒有責怪他，而是陪他一起重看比賽影片，討論怎麼準備會更完整。爸爸還對他說：「你很有勇氣，站在臺上已經很不容易了，下次我們來一起準備得更周全，好嗎？」

這次的挫敗反而讓世昕下次準備得更加細心，也在下次表演中獲得了「最佳演出獎」。從挫折中重新站起來的過程，才是真正讓孩子信任自己的能力、建構勝任感的根本。

從支持中長出勇氣，孩子的信心來自相信「我可以」

每個孩子的節奏都不同，不可能樣樣精通。因此，家長不應該以「別人的孩子」作為比較基準，而是要幫助孩子找到自己擅長並感興趣的領域，鼓勵他持續投入並從中獲得成就感。這份主動自信，是孩子一輩子的寶藏。

最重要的是，家長在心裡要先對孩子有信念，相信他可以、值得信任。當你發自內心傳遞出「我相信你」的訊號時，孩子就能勇敢嘗試、願意努力，逐步發展出勝任感，也就一點一滴地，成為一個真正自信的人。

孩子的自信，不是靠誇讚堆砌出來，而是來自一次次自己實踐中做出的成果。勝任感就是那股「我可以」的力量，是孩子面對未來挑戰最堅強的根基。父母若能放手讓孩子去試、去錯、去學，再以理解與支持相伴，孩子自然會從中發現自己的潛力，逐步建立穩固的自信心，走出屬於自己光亮的人生之路。

內在動力，從自我激勵開始

一個孩子能走得多遠，往往取決於他是否擁有足夠強大的內在驅動力。這種力量不來自父母的督促，不來自老師的鞭策，而是源自內心那句：「我想做到，也相信自己能做到！」這，就是所謂的自我激勵。

心理學家早已證實，自我激勵能極大提升一個人潛力的發揮程度。即使條件不佳，只要有了持續不斷的內在鼓勵，孩子也能在逆境中奮起。而缺乏這種能力的孩子，即使外在條件再優越，也可能在困難前止步不前。身為父母，我們應該讓孩子從小練習如何為自己打氣，培養一顆堅毅、不輕言放棄的心。

用語的轉換，是自我激勵的開端

當我們對孩子說：「我真為你驕傲！」時，其實更好的是改說：「你一定為自己感到驕傲吧？」這種代詞的轉換，看似細微，卻能讓孩子學會把表現歸功於自己，將外在評價內化成內在動力。從「我讓爸媽高興」變成「我值得自豪」，這一心理轉換，正是自我激勵的基礎。

日常生活中，家長也可以鼓勵孩子自我鼓勵。例如當孩子努力完成一篇作文時，教他對自己說：「我完成了，我真有耐心！」或當他失敗後仍努力嘗試時，說：「我有勇氣，不怕困難。」這些正向的語句會慢慢植入孩子的潛意識，成為他未來面對挑戰時最有力的支持。

從小目標開始，訓練孩子為自己打氣

幫助孩子建立自我激勵的能力，可以從「設定目標」著手。目標不必宏大，重點在於孩子能意識到：「我正努力向著一個方向前進。」例如讓孩子自己訂下「每天朗讀三頁書」、「本週學會兩個新單字」這類簡單目標，並在達成後自我肯定。

有一位國中生安傑，成績普通，但對繪圖充滿熱情。起初，父母並未太在意他的興趣，但後來在一次美術比賽中，安傑獲得佳作，興奮之餘主動說：「我要畫出更好的作品給大家看！」父母看見這份渴望與進取心，開始鼓勵他設立畫圖日記、自製作品集，每完成一幅畫就獎勵自己一個小徽章。漸漸地，安傑每天主動安排時間練畫，並不再因功課稍慢而失落，反而懂得調整節奏、自我調適，從中體會到「我可以掌控自己生活」的力量。這樣的孩子，即使未來路上有風雨，也有足夠韌性能挺過。

建立儀式感，強化正向心理的累積

若要讓自我激勵的習慣長久維持，除了目標與語言的訓練，更需要一點生活中的「儀式感」。這些可以是每天早起前對鏡子大喊「我今天很棒！」也可以是睡前寫下「今天我做對的三件事」，或是在書桌前貼上「我有能力！我能完成！」等標語。

甚至也可引導孩子用創意方式獎勵自己：畫一張為自己加油的卡片、製作小徽章、為自己寫封肯定信。這些動作看似輕巧，卻能一步步強化孩子對「努力會有回饋」的信念，讓他們在成長路上保持動能。

當孩子面對失敗時，也請家長引導他練習「轉念」：不是「我怎麼這麼糟」，而是「我下一次會做得更好」。這樣的自我對話，是打敗挫折感的關鍵。

為自己鼓掌

孩子的一生，終將離開父母羽翼，走上屬於自己的路。而一路上的挑戰、失敗與考驗，也都需靠他自己的勇氣與力量去面對。外界的鼓勵固然重要，但真正能帶領孩子走得遠、走得穩的，是那份從心底燃起的自我激勵。

當一個孩子懂得自我喝采、懂得對自己說「我可以」，他就不會被一時的困難擊倒，也不會因別人的否定而迷失方向。自我激勵，是每個孩子通往自信與堅毅最穩固的起點。身為父母，我們的任務，不只是為孩子加油，更是教會他 —— 怎麼為自己喝采。

讓成功點燃孩子的自信火苗

孩子的自信，從來不是天生就有的，而是一次次成功經驗累積出來的心靈資產。心理學家的實驗早已揭示：當孩子體驗到一次成功，他的內在動力與信心便會被激發，像火花一樣點燃對未來的期待與行動的勇氣；相反，長期處於失敗與挫折之中，最後將漸漸喪失希望與鬥志。

因此，幫助孩子建立自信的第一步，不是嚴厲要求，而是創造讓他們「成功一次」的機會。哪怕只是小小的成功，都能為他們的內在世界種下堅強的種子。

以成功經驗啟動信心循環

成功的經驗，能轉化為源源不絕的自信能量。就像小朱，起初他帶著恐懼進入籃球隊，原本膽怯、自我懷疑，卻在一次偶然的上場機會中，從奔跑、傳球開始找回自己的節奏，直到發現「我真的可以」。也正是這一場成功的經驗，讓他一點一滴建構出今日的榮耀與自信。

同樣的，我們的孩子也需要這樣的突破點。不必是一場冠軍賽的勝利，不必是高難度考試的滿分，也許只是一段順利完成的朗讀、一篇被誇獎的小作文，甚至是一道數學題目的獨立解答。這些微小的成功，都能構成孩子信心的基礎。

以國小五年級的小璐為例，她長期在語文成績上挫敗，對這門課充滿排斥與無力感。媽媽沒有責備，而是設計出一個簡單卻有趣的任務：每天抄寫一頁《格林童話》，並完成一些字詞練習。這項作業既不同於平日的學校練習，也貼近孩子的生活興趣，讓她在無壓力中重拾學習的動力。短短一個多月後，小璐的語文默寫成績大幅提升，她也因為這次成功重新找回對語文的信心。

創造「可完成」的學習情境

成功的關鍵，不在於結果多麼耀眼，而在於「可完成」。家長應該調整目標設計的高度，讓孩子經由努力能夠達成。例如讓孩子將注音練習延伸到生活中 —— 自己用簡訊寫一封短文給親戚；讓孩子在做家事時擔任小隊長 —— 安排流程、分配任務。這些看似平凡的小事，一旦孩子有了完成與被認可的經驗，自信就會悄悄在心中發芽。

還可以讓孩子當「小老師」，講解自己擅長的內容給爸媽聽。當孩子站在「教導者」的角色上，不僅提升了對知識的理解，也在潛意識裡認可「我有能力」。這樣的角色轉換是培養自信的絕佳方法。

從孩子的興趣與優勢出發

每個孩子都有擅長的領域。數學不好，也許語文強；體育表現平平，也許在繪畫上充滿創意。家長應該積極發掘孩子的亮點，並引導他們在這些領域發展。例如某孩子熱愛機械操作，學業雖普通，卻能輕鬆拼裝複雜的模型。家長若適時鼓勵、提供資源，他的成就感將大幅提升，自信也隨之而來。

心理學家指出，大腦如同一條布巾，只要提起一角，其餘也會隨之被帶動。也就是說，一個孩子若能在某一領域建立信心與主導權，其他學習層面也會受到正向影響。

正向引導，理性看待失敗

當孩子面對失敗，家長的態度尤為重要。若一味責備，只會讓孩子對失敗產生恐懼感；若過度安慰，也會讓孩子缺乏面對錯誤的能力。真正有效的做法，是讓孩子認知到「失敗只是成長的一部分」，協助他們從錯誤中找到調整的方法。

舉例來說，當孩子考試不理想，家長可以這樣說：「這次考不好沒關係，我們一起來看看哪裡卡住了，下次就能做得更好。」這樣既避免了情緒傷害，又傳達出「錯誤能被修正」的訊息。

每一次的成功，都是一份信心存款

在孩子的成長旅程中，每一個由自己完成的任務、每一場被認可的努力，都是自信的積蓄。它們不是瞬間爆發的力量，而是長期累積的籌碼。家長的任務，不是替孩子鋪平前路，而是陪伴他們找到那些讓自己站穩腳步、邁出勇敢第一步的時刻。

讓孩子在有希望成功的任務中，體驗到「我做得到」的感覺，就是點燃自信最有效的火種。而這團火，將成為他日後對抗困難、挑戰極限的根本動力。學會欣賞每一個微小的進步，就是給孩子最好的禮物。

讓讚美成為孩子自信的種子

孩子對自己的認知，多半是從大人，尤其是父母的評價中累積而來。當父母願意多用欣賞的角度與語言去看待孩子，孩子也會開始學習欣賞自己，建立正向的自我形象。而「讚美」正是這條自信之路上最珍貴的養分。

日常生活中，我們不妨多花一點心思去觀察孩子的行為與表現，尤其是在他們嘗試做新挑戰、跨出舒適圈的時候。此時給予一句誠懇的讚美，往往比事後的獎勵更有激勵作用。像是「你今天主動幫阿嬤端碗，真的很貼心」、「你這次寫功課比以前更快了，進步好多」，這些具體又溫暖的話語，會讓孩子感受到被理解與重視，也會更願意繼續努力。

讚美，不只是對結果的肯定，也可以是對過程的鼓勵。例如孩子在嘗試不熟悉的任務時猶豫不決，家長可以說:「沒關係，你願意試試就很棒了，我相信你做得到。」即使孩子最後的成果並不完美，也能讚美他的勇氣與堅持，讓他明白：錯誤不是被責備的理由，而是成長的階梯。

創造機會，讓孩子感受被肯定的力量

每個孩子的自信建立，幾乎都源自於一次又一次的成功經驗。而每一次成功之後的肯定與鼓勵，會像催化劑一樣，讓孩子從中獲得力量。尤其是「第一次成功」的經驗，對孩子來說更是意義重大。無論是第一次學會自己綁鞋帶、第一次把故事講完整、或是第一次完成一件小任務，這些微小卻真實的勝利感，都會在孩子心中留下深刻的印象。如果在那個時刻，父母能適時給予讚美，這種自信將更為穩固。

孩子不是完美的，父母也無需時時讚美「最好」的表現。相反地，我們應該更願意去看見孩子的進步，哪怕只是一小步。當孩子原本不喜歡閱讀，現在主動翻起繪本來看；當孩子一開始亂丟玩具，現在願意自己整理了；這些都是值得肯定的突破。父母可以用稍微誇張一點的語氣說：「哇，這次真的不一樣耶！你有沒有發現自己變厲害了？」這樣的正向回饋，會強化孩子的行為動機，也讓他更願意繼續往前走。

此外，除了語言上的稱讚，身體語言也是讚美的有效工具。拍拍肩膀、摸摸頭、給一個溫暖的擁抱，這些小動作雖簡單，卻能讓孩子更真切地感受到來自父母的肯定。對孩子來說，這不只是愛的表達，更是一種信心的傳遞。

讓讚美成為孩子成長的陽光

父母的讚美，就像孩子心田裡的一束陽光。當陽光充足，孩子自然會向上生長，勇敢追逐自己的目標。而這份陽光，不僅來自「你做得真棒！」這樣的直白稱讚，也來自你在他跌倒時的溫柔鼓勵、你對他每個小進步的欣喜與肯定。

讚美不需要華麗，只要真誠；不在乎多寡，而在於是否深入孩子的心。當孩子明白，自己努力的模樣是值得被看見、被肯定的，他將擁有最穩固的自信，也會擁有堅韌的力量去迎接未來每一個挑戰。讓我們每天都不吝惜一句讚美，成為孩子心中那道照耀成長的光。

真正的自信，是家長眼中的相信

孩子能否自信，往往不是靠課本教出來的，而是來自家長一句話的力量、一次不責罵的等待、一次放下標準的傾聽。當孩子在舞臺上結巴時，家長的一個鼓掌會比責備更有意義；當孩子在考試中落後時，一句「你還在努力，這就很棒」的鼓勵，可能就是他再次起跑的動力。別讓「你怎麼這樣」打碎他正在建立的信心，也不要用「你一定要」的壓力取代「你可以試試看」的肯定。讓孩子知道，就算跌倒了，有人會陪他慢慢爬起來；有一天，他會帶著這份相信，走得更遠更穩。

家長的態度，決定孩子能走多遠

瑋瑋是一個五年級的小男孩，不太愛開口說話，尤其在公開場合更是常常噤若寒蟬。班上曾經辦過一次班級讀書會，老師請每位同學輪流朗讀段落並分享心得。當輪到瑋瑋時，他的聲音小得幾乎聽不見，幾句話講得支支吾吾，引來幾位同學忍不住竊笑，場面一度尷尬。瑋瑋的臉瞬間漲紅，像是被什麼重重擊中似的低下頭，一整天都不太說話。

放學回家，他垂著肩膀坐在客廳，不敢抬頭看媽媽。媽媽察覺到異狀，試探地問：「在學校發生什麼事了嗎？」瑋瑋吞吞吐吐地說：「我好像真的很爛，大家都笑我……我是不是不應該上臺講話？」媽媽沒有急著安慰，而是輕輕坐到他身邊說：「你知道嗎？有些人是因為想得太快，嘴巴一時還跟不上，這是腦袋聰明的表現耶。你只是還沒找到讓腦袋和嘴巴配合的方法，並不代表你不行。」

這句話像一束溫柔的光，照進瑋瑋的心中。他愣了一下，眼神有了微微變化。從那天開始，他雖然還是怕上臺，但開始默默練習說話，回家對著鏡子講故事，也願意和媽媽玩「即興小主持人」的遊戲。一個月後，老師再次安排口語發表活動，瑋瑋雖然仍有些緊張，卻能完整地說出他的內容，獲得班上熱烈掌聲。媽媽的那句話，讓他從羞怯中站起來，漸漸找到自信的聲音。

重塑關係，比訓誡更有效

其實，每位父母都在用自己的方式影響孩子的自信。一個孩子是否充滿勇氣與光芒，很大程度上來自於家庭氛圍的溫度。如果父母總是充滿愛意、願意傾聽與陪伴，孩子自然能在這樣的環境中茁壯成長，充滿活力與希望；反之，若孩子長期面對的是指責、比較與嚴苛的要求，那麼不論他再怎麼努力，也很難對自己感到滿意，甚至會長期陷入自我否定之中。

孩子的內在自我評價，是從外界特別是父母的態度中逐步建立起來的。當他一次又一次聽到：「你可以的」、「我們相信你」，他會開始在心中累積起一種被信任的力量。這股力量，正是日後支撐他面對世界風雨的核心。父母的鼓勵與支持，不必華麗，但要真實持久，這比任何一堂情緒管理課程更具影響力。

此外，自信並不是一味地追求成功，反而是在失敗中依然能看見自己的價值。孩子在遭遇挫折時最需要的是父母的理解與陪伴，而非否定與指責。一句「你沒用」、「早知道會這樣」的話，可能讓孩子陷入深深的羞愧感；但一句「失敗沒關係，爸爸媽媽陪你一起找出問題所在」，卻能拉住孩子快要掉進自卑谷底的那雙手。

避免比較，讓孩子成為自己

許多父母喜歡拿別的孩子與自己孩子作比較，期望這種壓力能轉化為動力。但事實上，這種「你看人家怎麼樣，你怎麼不學學」的比較，很可能帶來反效果。孩子不是聽不懂，只是他們從中接收到的訊號是：「我不夠好」、「你喜歡的是別人的孩子」。這樣的話語，會讓孩子懷疑自己的價值，長期下來，導致嫉妒、焦慮、自卑，甚至與父母產生距離感。與其盲目比較，不如協助孩子找出自己的進步與突破。

小童是一名小學生，做手工時被老師嘲笑鴨子做得醜，他卻勇敢拿出自己更早前做的那隻更醜的鴨子，告訴大家：「這就是我第一次做的。」這份不以他人為標準、而與自己比進步的心態，正是自信的本質。自信不是「比誰強」，而是「比昨天的自己更好」。

示弱，是一種有力的教育

有時候，父母的「示弱」反而能讓孩子成長得更快。像乒乒剛上幼稚園的時候，每天下課回家都喊累，不願自己走六樓樓梯。起初，媽媽心疼他，便每次都背著回家。後來她意識到這其實是一種依賴，便換了策略 —— 她裝作很疲憊地說：「今天媽媽也很累，能不能請我的小男子漢幫我拿包包，陪我一起上樓？」乒乒立刻挺身而出，一路牽著媽媽走回家。這樣的小細節，在無形中讓孩子建立起「我可以照顧別人」的信心。

父母不必每次都扮演無所不能的角色，適時的「向孩子請求幫忙」，既能增加孩子的責任感，也讓他從中獲得成就感。這些日常的點滴，會在孩子心中築起一磚一瓦的信心堡壘。

溫柔以待，是最有效的鼓勵

此外，我們也要提醒自己，自信並不等於「要拿第一」。采采是個內斂的女孩，從小成績優異，卻總活在名次壓力中。當她無法每次拿第一，便陷入焦慮與自責，甚至壓力大到影響健康。直到父親告訴她：「人生不是場比賽，而是一段旅程。妳可以慢慢走，欣賞沿途風景。」這句話讓她懂得放下好勝，學會享受當下。從那以後，她在不追求「第一」的壓力中，反而表現得更穩定、更出色。

當孩子習慣了在肯定中學習，而不是在責備中改變，他們的內心會更柔軟、更堅韌。記住，責罵可以糾正一時的行為，鼓勵卻能改變一生的態度。

家長用語的轉換，是培養信心的開端

當我們說「不可以」時，不妨試著補上一句原因：「現在不能看電視，是因為你還沒完成作業。」比起直接否定的話語，解釋原因的說法能讓孩子理解規範並內化它。避免說出像「你看看別人多棒，你怎麼這樣」或「你一定要做到」這類話，因為它們在孩子心中留下的不是鼓舞，而是壓迫感與疏離感。

孩子是獨立的個體，不是我們情緒的投射，也不是競爭的標靶。真正的教育，是理解與陪伴，是信任與引導，是讓孩子明白：他不需要成為誰，只需要成為最好的自己。

愛，是自信的原動力

培養孩子的自信，不需要昂貴的補習、不需要成堆的獎狀，而是需要父母日復一日、真心誠意的信任與陪伴。當孩子知道「不論成功與否，你都愛我」，他才會敢於嘗試、勇於探索，也才會在面對挫折時選擇堅持、不輕言放棄。

每一份溫柔的語言、每一次鼓勵的眼神，都是孩子成長路上最堅實的支撐。當我們願意用心去對待孩子，用尊重去教導他們，那麼自信，就會自然在他們的心中萌芽、茁壯，成為他們面對世界最有力的翅膀。

第四章
父母懂得放手，孩子才能堅強

當父母總是站在前方為孩子擋風遮雨，看似幫助孩子走得更順利，其實卻無形中抹煞了他們學習思考、嘗試與承擔的機會。久而久之，孩子不僅喪失了解決問題的能力，也會變得過度依賴，遇事退縮、缺乏勇氣與自信，甚至失去面對生活挑戰的動力。

真正讓孩子成長的，不是一路平坦的安排，而是學會在跌倒中站起來、在迷惘中找方向。因此，父母若真心希望孩子能在風雨中茁壯，就要學會適時地「放手」。給孩子空間去摸索、去嘗試，即使過程中有跌撞、有錯誤，那也是他們通往成熟與堅強的必經之路。唯有讓孩子親自感受世界，他們才會成為真正勇敢而獨立的人。

學會放手，給孩子試錯的自由

「媽媽總是替我決定所有的事，從穿什麼衣服、帶什麼便當，到什麼時間該睡覺。只要我沒有照她的意思做，她就會很生氣，覺得我不聽話。」十二歲的文翔對媽媽的掌控感到困惑，也感到壓力。

許多父母會以「為你好」的名義，全權代勞孩子的生活，安排他們的時間、興趣、交友與選擇，彷彿替他們築了一道無風無雨的圍牆。父母這麼做的出發點通常是希望孩子少受挫折，走得更順利。然而，他們忽略了一件事：孩子的成長，靠的不是順利，而是體驗。

曾看過一位帶著兩歲兒子走到長長階梯前的父親，他一開始讓孩子自己爬，但看到孩子爬得慢，便忍不住抱起他，一下子走到最上面。孩子卻在那裡大哭。是因為不想上樓嗎？不是，是因為他想自己一步一步走上去。當父親依照旁人建議，再將孩子抱回樓下讓他重新爬起，那份努力與喜悅才是孩子要的。

孩子想要的，不是結果，而是歷程。即使那段歷程艱辛、緩慢、充滿挑戰，但那正是他們從中學會責任與判斷的過程。而父母若不願意放手，就會錯過讓孩子學習這些的機會。

包辦一切，換來的是孩子的依賴與退縮

黃子庭是個國小三年級學生，課堂上活潑外向，但在家裡卻成了媽媽全職照顧的小少爺。做完作業後，他不管對錯，直接撇開鉛筆跑去看電視；而他的媽媽則耐心幫他整理桌面，檢查錯誤，錯了就叫回來改，改錯又再改，但他總是沒什麼反應，只會問一句：「那妳說要怎麼改？」

這種代勞式的照顧，看似體貼，實則剝奪了孩子自我管理與負責任的機會。當孩子習慣有人幫他收拾爛攤子，久而久之，他就不再在意做對與否，不在意準備與成果。更糟的是，他會以為「只要有人幫忙，自己不需要負責」。

趙芷涵是位大學生，外表亮麗，但連最基本的生活能力都沒有。她每週都把髒衣服帶回家給媽媽洗，甚至連寢具都由母親每月親自到學校更換。媽媽自豪地說：「我女兒身體不好，不能讓她做這些粗活。」然而，芷涵卻在學校顯得格格不入，不僅難以獨立處理生活大小事，也與同儕互動困難，一遇到問題就只會想打電話回家。

原本是保護孩子的愛，若過了頭，會成為孩子失去自信與生活能力的溫室枷鎖。父母的全能照顧，不只是讓孩子依賴，更會使孩子內心對「我可以」這三個字失去信任。

而當孩子長大，進入自我意識發展的青春期時，這種過

度介入的管教方式更容易引起劇烈反彈。國中生宇威就是典型例子。他從小乖巧懂事，卻在升上國二後開始與母親頻繁發生衝突。只要被問「今天和誰出去」、「做功課了沒」就立刻發火，甚至幾次離家出走。

心理師和宇威深談後發現，他的母親習慣時時刻刻監控著他的生活行程，讓他產生「沒有空間呼吸」的壓迫感。這種監督式的愛，讓孩子為了爭取自我，選擇用最極端的方式來表達反抗。這類因為控制引發的親子對立，在青少年中並不罕見。

真正的信任，是願意讓孩子自己走一段路

父母該學會的，是適時放手。放手不是不關心，而是給予孩子自我感受的空間。這個世界再安全，也有跌倒的可能；而孩子再聰明，也需要犯錯來成長。正是這些經驗，會教會他們什麼是選擇、什麼是承擔。

教育專家指出，培養孩子勇敢、自信、具有責任感的第一步，就是給他機會去感受現實、面對挑戰，而不是替他掃平所有障礙。孩子只有跌倒過，才會學會怎麼站起來；只有面對過挫折，才會更珍惜自己的每一次進步。

孩子真正需要的，不是父母永遠的指揮與代辦，而是來

自家長心底的一句肯定：「你可以的，我相信你。」

學會放手，是對孩子最深的愛與信任。當家長不再主導孩子的每一步，而是成為支持他們成長的後盾，孩子才會真正學會為自己的人生負責。放手不是放棄，而是相信；不是不管，而是尊重。當孩子知道「我可以靠自己完成」，自信才會真正生根。每一個有信心的孩子，背後都站著一位懂得適時放手的父母。

打破依賴，是培養膽量的第一步

許多父母都會發現，當孩子進入學齡階段後，還是習慣與自己同床共眠，稍有分離就顯得焦躁不安。有些孩子甚至到了九歲、十歲仍無法獨自入睡，半夜起床上廁所還需要大人陪伴，這樣的依賴行為不只讓父母疲憊，也讓他們對孩子未來的獨立性產生擔憂。

這樣的現象背後，其實隱藏著成長過程中被忽略的一課——孩子沒有學會與父母適當的心理分離。從小與父母同床共枕雖然方便照顧，但也容易讓孩子誤以為安全感只能來自於身旁的大人。一旦進入黑暗、安靜的環境，他們便會失去依靠，產生焦慮感與恐懼感，無法安穩入眠。

而這種長期累積的依賴，對孩子的心理成長是一種阻礙。孩子應對夜晚的能力，其實正是他們面對未知、學習獨立的起點。若父母總是過度介入孩子的夜間生活，不僅無助於孩子克服恐懼，更可能削弱他們探索世界的勇氣。

漸進式脫離，讓孩子安全而堅定地獨立

要讓孩子從容地面對「一個人睡覺」這件事，並非強迫或冷處理就能奏效，而是要給予理解與方法。首先，父母應該先向孩子說明「自己睡是一種長大的表現」，讓他們從內心理解這是一種成長的里程碑，而不是被迫的分離。

接著，為孩子布置一個他喜歡的小天地也非常重要。可以讓孩子親自挑選床單、枕頭、壁紙等，從參與中產生歸屬感。這不僅讓孩子有一種「這是我的空間」的自豪，也建立起對這個空間的熟悉與安心。

孩子第一次分床時，難免會有不安。這時，可以選擇讓房門半開、燈光微亮，或讓他抱著心愛的玩偶，作為情感上的替代物。有些孩子喜歡聽故事入眠，有些則喜歡父母在床邊陪伴。這些陪伴可以暫時提供過渡的安全感，再慢慢縮短陪伴時間，讓孩子逐漸適應。

過程中最關鍵的是「一致性」。若因孩子哭鬧就心軟讓步，反而會讓他更抗拒再次嘗試。即使反反覆覆，也要給予肯定與鼓勵，例如：「你昨天自己睡了一晚，真的很棒！」這樣的正向強化，會讓孩子更有信心面對下一次挑戰。

面對孩子的依賴行為，父母並不需要完全切斷情感連結，而是在適當時機提供支持。尤其在孩子生病、疲憊或心

情不穩時，更要溫柔地給予陪伴。但在日常裡，仍應堅持讓孩子自己完成該負責的生活任務。像是在睡前讓孩子自己鋪床、擺枕頭，或整理自己的小書桌，這些都能幫助孩子建立自我管理的能力。

當孩子能夠獨自入睡，他們不只是學會了一個晚上的獨立，更是學會了在面對未知時，可以相信自己、可以穩住內心。這樣的信念，會逐漸成為他們人生中對抗各種挑戰的力量來源。放手從不代表放棄，而是給孩子機會，走向更強壯的自己。

杜絕依賴，培養孩子的獨立

在現實生活的挑戰中，每位孩子都需學會勇敢地掌握自己的命運，減少對他人的依賴。真正能充分發揮自身潛能的，並非外在的援助，而是自我努力；並非依賴他人，而是自立自強。唯有自立的孩子，才能戰勝內心的懦弱，獲得屬於自己的生命體驗。然而，家長過度的「幫助」可能反而讓孩子失去生存的能力和勇敢面對生活的機會。

掙扎中的成長

在自然界中，帝王蛾的幼蟲在一個極為狹小的繭中度過蛻變期。當牠們準備破繭而出時，必須竭盡全力擠出那個狹窄的出口。這個過程雖然艱難，但正是透過這種掙扎，血液才能流入翅膀，使其得以強壯並準備飛翔。然而，若有人出於好心，將繭口剪大，讓幼蟲輕易爬出，這些蛾卻無法飛翔，只能在地面上爬行。這說明，適度的挑戰和困難對成長至關重要，過度的保護反而可能阻礙孩子的發展。

現今，許多家長因擔心孩子受苦，往往過度保護，替孩子安排好一切，無形中削弱了孩子面對挑戰的能力。這樣的孩子可能表現出膽小怕事、缺乏主見、遇事退縮等特徵。他們可能過度依賴父母，缺乏解決問題的能力，甚至在成年後也難以獨立生活。這種過度保護的現象，被稱為「直升機父母」現象，指的是父母過度干涉孩子的生活，可能導致孩子缺乏獨立性、責任感和適應社會的能力。

學會適度放手，讓孩子獨立

阿玲曾長期被兒子早上不起床的問題困擾，她後來轉變方式，不再一再催促，而是教孩子使用鬧鐘，並事先告訴他上學是自己的責任。初期雖然讓孩子遲到了一兩次，但從那之後，孩子學會了自我規劃，每天自己起床、自己準備物品，連出門都不再需要提醒。

除了日常生活的自理，父母也可以讓孩子在學校與社會活動中多承擔一些任務。例如參加義賣、報名比賽、安排自己的課後時間等，這些經驗不只讓孩子學會面對壓力，也能在成功與失敗中逐漸建立自信與彈性。

孩子要學會為自己的選擇與行動負責，也要有能力去承擔結果。當他自己決定今天要玩哪個遊戲、安排與朋友的行程，就會慢慢培養出「這是我選的，就要做好」的態度。家長只要在旁給予支持與必要的提醒即可，不需要事事介入。

當孩子表現出勇敢嘗試、自主解決問題時，父母要及時給予讚賞與鼓勵。就算結果不盡理想，也應以理解與分析的態度引導他找出改善方法，而不是責罵或取代。這樣一來，孩子才能從錯誤中學會調整與堅持。

最終，與其替孩子清除障礙，不如給他們鍛鍊的機會。孩子不是永遠的依靠者，只要你願意放手，他就會學著飛翔。孩子真正的勇敢，是來自於經歷後的成長，而不是被保護下的安逸。家長若能從生活點滴中培養孩子的獨立與堅強，他們就能一步步走出屬於自己的路。

培養孩子獨立性的策略

協助孩子擺脫依賴心理：當發現孩子有依賴傾向時，家長應及時糾正，了解形成原因，並採取相應策略。例如，讓孩子自己負責起床、整理書包等日常事務，培養其自我管理能力。

鼓勵孩子尋找獨立鍛鍊的機會：鼓勵孩子參加學校或社區活動，在活動中承擔責任，學習獨立面對問題，培養解決問題的能力。

讓孩子自己做決定：從小培養孩子的決策能力，讓他們自己選擇衣服、安排時間，並承擔相應的後果，這有助於建立自信和責任感。

讓孩子對自己的行為負責：在日常生活中，讓孩子自己決定並承擔後果，例如忘記帶物品時，讓他們體會後果，從而學會負責。

鼓勵孩子多閱讀：透過閱讀古今中外自強不息的故事，激發孩子樹立遠大理想，並與積極向上的同伴交流，互相學習。

總之，家長的過度保護可能限制孩子的成長。適時放手，讓孩子自己面對挑戰，才能培養他們的獨立性和勇氣。正如帝王蛾的掙扎過程，唯有經歷適當的磨練，孩子才能展翅高飛，迎向屬於自己的廣闊天空。

保有尊重的空間，孩子才能學會選擇

在現代家庭中，許多父母總認為孩子尚小，需要無微不至的保護，於是從生活到學業，無所不管、事事干涉。這種過度的關注，往往不是出於惡意，而是源於愛與擔心，但也因此容易剝奪孩子應有的空間與自主權，讓他們無法獨立思考與面對生活。

國中生宇哲就常抱怨媽媽總是盤問：「今天和誰回家？不要跟女生走太近。」對他來說，這種窒息感讓人無所適從。他對同學苦笑著說：「難道我要一整天只跟牆壁講話嗎？」另一位同學也說，有次在講電話時發現爸爸竟然在偷聽，讓他當場氣得說不出話。這些看似微不足道的行為，其實都在孩子心中種下了不被信任的種子。

而另一位小五學生庭豪，則在春遊時經歷了一場挫敗。當全班到植物園觀察自然、席地野餐，回來興奮地分享時，他卻因媽媽嫌草地髒、不衛生而被禁止參加。媽媽還承諾改帶他去吃海鮮彌補，卻無法填補他在團體活動中被排除的落寞。那一整週，他都對媽媽不發一語，只因那次缺席讓他感到格格不入，錯過了屬於自己年紀的精彩片段。

在這些例子中，我們可以清楚看見，當父母過度干涉孩子的交友與活動選擇時，反而會削弱孩子的社會能力，甚至引發對立心理。成長不該是一場被指揮的旅程，而是讓孩子有空間可以探索錯誤、學習選擇與承擔的過程。

培養自由意識，從生活中開始

讓孩子有一個可以自由安排的空間，是培養獨立思考的起點。例如為孩子準備一間自己的房間，讓他負責打掃與布置，擁有自己的秩序感與責任心。他的房間不必整齊如展示間，但該由他決定每一樣東西該擺在哪裡，讓他明白這是屬於他的小世界。

同樣地，自由支配時間也至關重要。不應該把孩子的每一天塞滿補習、安排得滴水不漏。當孩子擁有可以自由使用的一段時間，他們有機會選擇閱讀、畫畫、發呆，甚至只是坐著想事情。這些看似「無所事事」的時刻，其實是在培養時間管理與自我調節的能力。父母不必過度焦慮，只要適時引導，就能在無壓力的環境下看見孩子逐漸成長。

此外，當孩子開始能夠參與日常事務，例如自己決定衣著、選擇玩具、安排休閒活動時，他們也會從中學會權衡、做決定，甚至承擔錯誤的結果。比起父母代為決定，讓孩子在錯誤中學習，對人格養成更有意義。父母所需要做的，是在孩子跌倒時提供理解與鼓勵，而不是評斷與責罵。

懂得尊重，是最深的信任

尊重孩子的隱私同樣重要。很多家長習慣打著「我這是為你好」的名義，翻看孩子的筆記、手機，甚至偷聽通話內容。這種做法不僅破壞孩子的信任，更會讓親子關係出現裂痕。孩子的祕密，其實就是他們自我意識的開端，是建立個體邊界的重要過程。若能在尊重中建立對話，孩子自然會更願意主動分享，而不是封閉自己。

孩子不是父母的影子，也不是父母未完成夢想的延伸。他們終將離巢，需要擁有飛翔的羽翼與方向。給孩子自由的空間，不是放任不管，而是在信任中陪伴，在尊重中引導。當我們願意退一步，孩子就能往前跨一步。如此一來，他們才會在面對人生的道路上，擁有真正的勇氣與力量。

從小培養孩子的獨立力，讓孩子學著自己面對

在許多家庭中，父母總希望給孩子最好的照顧，卻常不自覺地越俎代庖，把孩子的生活全都包辦起來。然而真正的愛，不是替孩子安排一切，而是教他們如何自己走路。當孩子學會「我自己來」，不僅能增強自信，更能在未來的生活中展現堅韌與能力。

在一場戶外親子活動中，四歲的庭萱始終依偎在媽媽懷裡，不肯加入其他小朋友的遊戲。媽媽試著鼓勵她參與，卻又心疼地說：「她從小比較黏我啦，不敢跟陌生人說話。」而身邊其他孩子已經玩得不亦樂乎。這樣的情況看似無害，卻可能在潛移默化中限制了孩子的社交發展。

在另一個家庭裡，國小四年級的宥凡，每天寫完作業就拋下書包跑去看電視，文具準備、書本整理一概由家裡的幫傭阿姨負責。當被問到「明天要上什麼課」時，他竟茫然地搖頭，連自己的課表放哪都不清楚。

還有一位名叫承澔的六年級學生，從幼稚園到現在，都是阿公接送上下學，阿公每天一早幫他背書包、帶早餐，擠公車時阿公總是讓他坐著，而自己站著。阿公心疼孫子，

但這樣的疼愛也讓孩子習慣於接受照顧，從未學會體貼或自理。

像這樣的例子，在我們生活中比比皆是。我們是否也曾在不知不覺中，為了效率、為了不讓孩子受苦，剝奪了他們動手做事的機會？其實，讓孩子有空間自己嘗試、自己犯錯，才是真正為他們的人生做準備。

從生活細節中培養獨立能力

孩子的獨立意識從一歲左右就開始萌芽。他們會想自己吃飯、自己搬小椅子，這正是培養自理能力的黃金時期。父母若一味打擊他們的主動性，說「你太小，做不好」，反而會讓孩子漸漸喪失嘗試的勇氣。

以穿衣服為例，三歲的孩子雖然無法完全準確地穿好衣服，但這不應該成為父母插手的理由。給予指導與耐心，反而能讓孩子從中獲得成就感。當孩子學會根據氣溫自己增減衣物、自己洗手帕、收棉被，不只是學會技能，更是在學習負責任。

孩子的東西應該有固定的「家」，玩具玩完就收、文具用完就放回原位。透過這些細節，孩子能建立起對秩序與管理的概念。父母可以透過遊戲的方式引導孩子收拾，讓他們在歡樂中學會整理與歸位。

此外，家長也應提供孩子嘗試的機會。例如讓他們自己洗碗、掃地、摘菜。雖然孩子初學時難免做得不完美，但這正是學習的過程。每一次自己完成的任務，都會為孩子的自信與責任感加分。

培養責任感，成就自信未來

孩子需要的不只是「能做事」，更需要「被期待去做事」。家長可以根據孩子年齡與能力，設下合適的任務，例如「把玩具收好」、「幫忙擦桌子」、「倒垃圾」等。這些小事看似平常，卻能一步步讓孩子建立自我管理的習慣。

當孩子完成任務時，父母應給予肯定與鼓勵，讓他們體會到「我可以做到」的成就感。而不是凡事包辦，讓孩子習慣依賴，甚至抗拒動手。長期下來，會讓孩子在面對生活時，變得退縮與無力。

父母的目標，並非照顧孩子一輩子，而是讓孩子有能力過好他們自己的人生。在教養過程中，與其一再提醒與責備，不如創造條件讓孩子實際行動。當孩子有機會親身參與生活中的大小事，他們自然會學會思考、判斷與承擔後果。

放手是為了他們能飛得更遠

孩子不是父母的延伸，而是獨立成長的個體。從小培養獨立意識，讓孩子學會「自己的事情自己做」，不僅是日常能力的培養，更是一種面對人生的態度。唯有這樣的孩子，才有足夠的勇氣與智慧，去迎接未來人生的挑戰，展開屬於自己的精彩旅程。

給孩子參與的機會，是培養責任的起點

在許多家庭中，孩子常常被視為「還不懂事」的小角色，對家中的大小事沒有發言權，更無從參與。當孩子嘗試插話、表達意見時，往往換來一句「小孩別多嘴」，於是久而久之，他們對家庭失去了參與感，也漸漸養成了事不關己的冷漠心態。

就像國中生曉航，在家中想了解爸媽與鄰居的爭執，卻被父親斥為「多管閒事」，只能悶悶不樂地回房寫作業，感受到「自己沒有話語權」的挫敗感。這樣的場景在許多家庭中不陌生，當父母一再否定孩子的參與，不僅削弱了他們的家庭歸屬感，也影響他們在未來社會中發展合作與承擔的能力。

其實，讓孩子在家庭中扮演專屬的角色，授予合理的「家庭權利」，不僅能提升孩子的獨立性，也能讓他們學會負責、體諒與思考。

培養家庭角色感，從權利的給予開始

要讓孩子真正擁有家庭的歸屬感，第一步就是給予他們經濟上的自主練習機會。從安排合適的零用錢開始，讓孩子學會分配使用、儲蓄與計畫性支出。當他明白「錢花完了就沒了」，也會開始思考消費的價值與必要性。這是理財能力的起點，更是負責任行為的開始。

其次，父母應該允許孩子對自己的生活做出選擇。從補習班的選擇、假期安排、甚至生活細節如衣著或餐點，讓孩子練習做決定，並學習為選擇負責。

再來是賦予孩子發言權。當全家在討論週末行程、家庭規劃或餐點安排時，讓孩子發表意見、參與討論。別低估孩子的理解力與觀察力，他們的思考往往能帶來不同角度的啟發。這樣的對話練習，會培養孩子的表達與協調能力，也讓他們更有家庭歸屬感。

最後，讓孩子嘗試「當家」，是最高層次的實踐。安排一整天的家務由孩子負責：起居時間、餐飲安排、外出計畫，甚至預算規劃都由他主導。雖然過程可能會手忙腳亂，但正是透過這樣的實戰經驗，孩子才能體會父母的辛勞，學會安排、統籌與反省。

讓孩子在家庭中找到位置，才會在世界中立足

當孩子感受到被尊重與信任，便會開始思考、選擇與承擔，而非被動接受父母的安排。授予孩子合理的家庭權利，不是讓他們為所欲為，而是幫助他們在小小的家庭單位中練習如何面對更大的世界。從被保護的孩子，轉變為有能力的個體，這正是每位父母該努力的方向。放手讓孩子參與家庭，才能讓他們真正學會獨立與成長。

培養問題意識，讓孩子敢開口問

在孩子成長的過程中，「為什麼」往往是最常聽到的兩個字。他們的腦中彷彿裝滿了問號，從天氣變化到動物習性，從人的來歷到宇宙的奧祕，都是孩子感興趣的問題。然而，這種「問題大爆炸」的時期，卻常被大人以「你還小不懂」、「我很忙」、「別問了」的態度冷處理。這種做法，不僅傷害了孩子的求知欲，更可能扼殺他們未來思考與創造的能力。

孩子的提問，並不是無理取鬧，而是他們對這個世界的初次探測。他們以自己的方式對知識發出邀請，試圖理解萬物之間的關聯。當父母選擇無視、迴避，甚至敷衍以對，孩子便會誤以為「提問是不被接受的」，久而久之，不但不再提問，連原本的好奇心與學習欲望也會逐漸消失。

心理學研究顯示，一個敢於提問的孩子，往往擁有更高的學習動機、更強的獨立思考能力與更好的自學力。因為每一個問題，都是通往答案的橋梁。而當這樣的思考習慣養成後，孩子將能在未來面對挑戰時，更有自信去尋找解方。

有位父親分享，他的兒子從上幼兒園開始，每天都會問些千奇百怪的問題。有時他自信滿滿地想著「這有什麼難」，但一聽到「為什麼雨水有味道？」、「為什麼人打哈欠會傳染？」時也只能苦笑以對。於是他開始將兒子的問題記錄下來，和孩子一起翻書、查資料，甚至上圖書館找答案。孩子從中得到肯定，而父親也從陪伴中學到更多知識，兩人一起建立了一種持續探究的親子關係。

鼓勵發問，帶動成長

孩子的提問不應該只是被動地等待回答，而是可以成為主動學習的契機。有的家長懂得將「被提問」轉變為「反提問」的練習，當孩子問「為什麼魚會游泳」時，也反問「那你覺得是為什麼呢？」讓孩子先嘗試思考，再一起討論，進一步培養邏輯與推理能力。

另一位媽媽也提到，當兒子小翼學會說話之後，總是問東問西。她不僅願意回答，也善於反問：「你猜猜看這是什麼原因？」每當小翼答對，她便立刻給予稱讚，即便答錯也不會否定，而是慢慢引導。後來，小翼不僅敢問，也開始懂得「如何問」。他的語言能力、思辨能力與學習興趣因此迅速成長。

要培養孩子提問的勇氣，家長應當掌握幾個原則。首先，態度要真誠，即使不知道答案，也坦然面對，告訴孩子

「這個問題我們一起找答案」。切忌編造、不實敷衍，這樣只會誤導孩子、破壞信任。其次，要創造環境。例如鼓勵孩子將問題寫在筆記本中，等爸媽有空再一起討論，或是一起訂閱適齡的科學刊物、逛書店、聽故事，這些都能刺激孩子的提問欲望。

還有一項重要的策略，是「主動引導提問」。許多孩子本質上愛思考，卻不知道可以問。父母可在閱讀繪本、觀察自然或看電視時，提出開放性問題，如「你覺得接下來會發生什麼事？」或「如果換作是你，你會怎麼辦？」讓孩子練習表達自己的看法與想法。

請記住，問題的價值不在於答案的標準與否，而在於思考的歷程是否展開。對孩子來說，每一次提問都是成長的契機。

好奇，是孩子智慧的起點

每個偉大的思想家，從小都是滿腹問號的孩子。願意提問、敢於追問，是一種勇氣，也是一種智慧的展現。身為父母，我們能做的不是給出所有答案，而是陪孩子一起探索、一起思考、一起成長。請放下權威式的回應，給予孩子尊重與鼓勵。讓孩子從不怕問、敢發問，進而學會思考與創造，那麼他將不只是學習的參與者，更會成為知識的探索者、未來的引領者。讓提問成為習慣，讓孩子的世界從好奇開始，綻放智慧的光芒。

從小養成主見，不再依賴

如果行為上的依賴是一種束縛，那麼思想上的依賴則是一種內在的空洞。對一個孩子而言，不能自己思考，等同失去了面對未知世界的武器。現代社會所需的人才，不是只會接受命令的人，而是能夠獨立判斷、果斷應對、創造新局的人。這一切的基礎，就是獨立思考的能力。

然而在許多家庭中，父母習慣為孩子決定一切：吃什麼、穿什麼、去哪裡、如何面對難題。時間久了，孩子的思考能力被無形壓制，遇到問題就期待大人出手，稍有挫折便退縮放棄。他們習慣聽話，卻無法思辨；習慣照做，卻不敢突破。要改變這樣的結果，父母必須從早期開始，協助孩子打開思考模式。

5 歲的晨晨是個小小的觀察家。有天放學回家，他神祕兮兮地對媽媽說：「媽媽，你知道唾液是什麼味道嗎？」媽媽笑著說不知道，晨晨便自豪地分享：「我舔在手上聞了一下，好臭喔！」這個看似無厘頭的「實驗」，卻是晨晨對身體的第一步探索。媽媽不但沒有潑冷水，反而和他一起查資料找原因，還讚美他是「了不起的小發現家」。於是，晨晨開始習慣提問、嘗試、查找、推理。長大後，他不只創意十足，更總是帶著思考與主見去面對生活。

這正是家庭教育中最珍貴的力量：不是否定問題的天真，而是引導孩子從提問走向探究；不是否定錯誤的可笑，而是讓錯誤成為學習的契機。

讓孩子在選擇中思考，在錯誤中成長

思考能力的培養，不能只靠書本與灌輸，而是要靠實際的選擇與判斷。真正的成長來自於「做中學、錯中改」。當孩子有了自己決定的權利，也就有了反思與調整的機會。

四年級的傑克準備參加學校的兩天露營。他堅持自己打包行李，卻忘了考慮山區氣候，沒帶厚外套。媽媽原本想提醒，卻最終選擇讓他自己承擔。兩天後，傑克冷得發抖回家，主動說：「下次我要先查天氣，還要列清單，這樣才不會忘東忘西。」這種經驗遠比父母千言萬語來得深刻，也更能讓孩子建立解決問題的習慣。

孩子只有在親自經歷過錯誤之後，才會真正學會思考。父母不是無視，而是適時給予機會與空間。孩子做得不夠好，可以指導，但不要代勞；孩子判斷錯誤，可以討論，但不要責備。這樣，孩子的每一次嘗試才會變成成長的階梯。

在生活中，家長不妨問孩子：「你覺得這樣做會有什麼結果？」、「你還有其他想法嗎？」、「你有什麼建議？」從這些對話開始，孩子將慢慢從「等著問」變成「自己想」，從「被動聽」變成「主動表達」。

把思考的主權交還給孩子

真正有思考力的孩子，不會只照書本走，不會害怕錯誤，也不會依賴他人安排人生。他們會在面對問題時，先問自己：「我要怎麼做？」這樣的孩子，才能面對瞬息萬變的世界、站穩腳步不慌亂。

培養孩子獨立思考，不是要孩子成為天才，而是要他們成為有想法、有主見、有責任感的個體。從鼓勵孩子提問、允許犯錯、創造選擇機會，到引導他們自己決定、自己解決，這條思考養成之路，需要家長用理解與耐心陪伴。

當我們學會放下「我替你想好一切」的心態，把思考的空間留給孩子，他們才能真正為自己的人生負責，勇敢迎接挑戰，邁向屬於自己的光明未來。

給孩子選擇的空間，走出自己的路

欣欣在幼兒園裡一向是老師眼中的模範生，不僅上課安靜，和同學玩時也總是配合別人的遊戲規則，從不爭搶，從不爭論。家長看在眼裡感到欣慰，認為孩子懂事又聽話，讓人放心。然而，隨著時間過去，老師開始發現一個問題：當她在教不同解題方法時，欣欣從不嘗試其他做法，凡事照本宣科，遇到需要舉一反三的時候便顯得手足無措。

這讓家長驚覺，原來「乖巧」背後，其實藏著一種更深層的依賴與缺乏自信。孩子沒有主見、不敢嘗試，往往是因為在成長過程中，太過習慣依賴大人給的標準答案。當孩子總是問「這樣對不對」、「可以這樣做嗎」，父母若每次都給出明確的回覆，便剝奪了孩子獨立思考與判斷的機會。

真正讓孩子有主見，不是單靠嘴上鼓勵，而是要創造出「可以自己做主」的情境。像是買衣服時讓孩子決定顏色與款式；點餐時讓他思考自己的口味與喜好；與人交流時，尊重他是否想參與某項活動。這些看似微不足道的選擇，卻能一點一滴累積成孩子的主觀認知，讓他慢慢學會：「我可以自己決定，而且我的決定是有價值的。」

讓主見在生活中開花結果

有一位媽媽分享了她與女兒相處的真實經歷：她的女兒從小就是個乖巧聽話的孩子，無論吃什麼、穿什麼、去哪裡，從不多問，也從不多挑。這位媽媽一開始覺得放心又欣慰，直到有一天，老師告訴她：「妳女兒上課很安靜沒錯，但幾乎不會主動回答問題，也不太會表達自己的看法，有時候連簡單的選擇題都在等同學先答。」

這番話讓她頓時驚醒。她開始回想，自己是否從孩子小時候就習慣「一手包辦」。早上出門，是她替孩子搭配衣服、準備文具；放學回家，是她問功課寫了沒，遇到難題也直接告訴答案。孩子沒有被允許猶豫、選擇或試錯的空間，自然也不會發展出主見。

於是，這位媽媽決定改變自己的教育方式。某天，她帶孩子去文具店準備新學期用品，走到書包區時，她停下腳步，對孩子說：「這次換妳自己挑一個喜歡的書包吧。」

小女孩愣了一下，有些不知所措地問：「那妳覺得哪一個比較好？」這句話聽起來再自然不過，卻也透露出孩子長久以來「依賴判斷」的習慣。

媽媽微笑著回答：「妳喜歡哪個，就選哪個，這是妳要每天背去學校的書包，自己喜歡最重要。」

孩子在架子前走了一圈又一圈，來回比較了好幾次，最後選了一款淡紫色、有小兔子圖案的書包。她把書包抱在懷裡，回頭望著媽媽，眼裡閃著光：「我喜歡這個！」

媽媽點點頭說：「那就這個吧，這是妳自己挑的，很棒！」

從那之後，孩子不但學會自己做決定，甚至開始嘗試與媽媽討論選擇的理由。有一次還自信滿滿地說：「我覺得這個設計比較實用，拉鍊也比較順！」媽媽聽了感動又欣慰，因為那不是一個小孩在盲目選擇，而是一個小腦袋正在學會判斷與思考。

主見不是叛逆，是孩子邁向獨立的開始

主見的養成也需要適時引導。當孩子提出決定時，父母可以請他說明原因，再與他一起討論選擇的利與弊，而非直接否定或替代。即使孩子選擇的結果並非最理想，也不要急著干涉，讓他從實踐中學會調整。這樣的過程，不只是選擇，而是在練習責任、思考與自我價值的建立。

此外，還有一個經常被忽略的重要環節：學會說「不」。許多孩子因為怕被拒絕或誤解，寧願委屈自己也不敢表達意見。家長可以透過情境練習引導孩子，例如問：「如果你

不想吃，該怎麼跟媽媽說？」、「當別人要你做不喜歡的事情時，你會怎麼辦？」這些練習會幫助孩子在面對人際互動時，更有勇氣表達自己的立場。

一個有主見的孩子，不代表他不聽話，而是他開始具備判斷是非、選擇方向的能力。當父母願意放手，讓孩子在嘗試中摸索，在失敗中學習，就等於為他未來的獨立人生鋪了一條寬廣的路。孩子不需要成為你理想中的模樣，而是應該成為真正的自己。讓他有權選擇、有勇氣表達，未來的他，才能有能力承擔風雨，做出屬於自己的抉擇。主見，不是天生的天賦，而是父母給予的空間與信任。越早開始，孩子就越能活出自信與堅定。

第五章
在人群中練膽量，從互動中學勇氣

人際互動是孩子邁向成熟過程中的關鍵一步，也是他們從「單純的個體」成長為能適應社會的「社會人」的重要轉折。透過與他人的交流，孩子不僅能拓展視野，更能在互動中累積經驗，學會在各種陌生環境中自在應對，進而建立自信與表達能力。此外，人際交往還能讓孩子接觸多元觀點與實際情境，從中獲得許多課本上學不到、卻在生活中十分實用的知識與技巧，例如情緒調節、合作精神與同理心等，這些都是他們未來進入社會不可或缺的能力。

因此，父母在孩子的成長歷程中，應積極引導他們學習與人相處，從生活小事中培養溝通與互動的技巧。鼓勵孩子參與團體活動、建立友誼，幫助他們為未來的學習與人際挑戰做好準備，奠定豐富而穩固的人際基礎。

勇氣，從同伴間互動中誕生

對許多家長而言，給孩子最好的愛就是提供優渥的生活條件，讓他們吃得飽、穿得暖、用得好。然而，物質的富足並不代表心靈的豐盈。孩子真正渴望的，往往是一種被理解、被接納的情感支持，而這份支持，很多時候來自朋友的陪伴。

祐祐是一個安靜、不太說話的孩子。無論是在幼兒園還是家族聚會裡，他總是默默地坐在角落，玩著自己的玩具，對外界似乎毫不感興趣。他的爸媽一度擔心祐祐是否有社交障礙，甚至懷疑是否應該尋求專業協助。然而，一次意外的活動，卻讓祐祐產生了改變。

那天，幼兒園老師安排了一堂美勞課，請孩子們兩人一組完成一個立體作品。祐祐依舊是最後一個沒有搭檔的小孩，老師便請班上活潑開朗的安安主動邀請他。出乎意料地，祐祐點頭了。兩人分工合作，一起討論要用什麼材料，怎麼讓作品穩定站立。途中雖然遇到困難，但他們沒有放棄，嘗試用兩根牙籤支撐蜜蜂模型，最後終於完成了作品。那一刻，祐祐第一次感受到與人共同完成目標的成就感，也第一次在全班面前主動分享創作心得。

從那之後，祐祐變得更願意參與團體活動，也開始學著主動與其他小朋友互動。爸媽發現，他的笑容多了，話也多了，甚至在家裡會模仿安安的說話語氣和動作，顯然非常喜歡這位新朋友。

讓孩子從遊戲中學習勇氣與自信

孩子的性格是可以引導的，尤其在人際互動上，父母的角色非常關鍵。與其急著糾正孩子的膽怯，不如創造更多與同齡人接觸的機會。可以從邀請幾位孩子熟悉的小朋友來家中玩起，舉辦小型的「交換禮物會」或「玩具分享日」，讓孩子在輕鬆愉快的氛圍中建立對人際關係的安全感。

對於性格較為內向的孩子，初期也許會顯得退縮，這時家長不妨陪同孩子一同加入遊戲，一邊示範如何開口邀請、如何表達自己的需求，幾次之後，孩子便會逐漸適應並主動參與。

此外，安排孩子與性格開朗、願意主動帶人的小朋友互動，讓孩子從模仿中學習，會是更自然的引導方式。有些幼兒園老師會刻意安排小組活動，把個性互補的孩子放在同一組，這樣的安排往往也能激發孩子潛在的社交能力。

當孩子在團體中有了正面的經驗，他會更願意嘗試，也更不怕失敗。這些正向的回饋會慢慢轉化為自信，讓他在日後面對挑戰時更有勇氣說出自己的想法，敢於嘗試與探索。

友情，是孩子成長的勇氣來源

一個孩子是否勇敢，並不只是天生的性格決定，而是與他所處的環境、是否有機會與人建立連結息息相關。真正的勇氣，往往不是憑空產生，而是在一次又一次與朋友的互動中被喚醒。

當孩子在朋友的陪伴中感受到被接納、被需要，他不再畏懼人群、不再逃避挑戰，而是願意邁出第一步，走向更開闊的世界。因此，鼓勵孩子與同齡人建立穩固的友情，是父母給孩子最實際也最長遠的支持。與其強硬地要求孩子「勇敢一點」，不如耐心地陪伴他找到那個能牽著他手、一起迎向世界的朋友。那個朋友，就是他勇氣的起點。

陪孩子脫離害羞不安，活出自信勇敢

在孩子的成長過程中，害羞與怕生是常見的性格特質。許多家長會發現，孩子在熟悉的家庭中能說會笑、活潑奔放，但只要一到陌生場合或遇到外人，立刻變得沉默寡言、手足無措。即使只是開口說聲「你好」，也讓孩子臉紅心跳，想躲起來。

這樣的孩子，常會被誤解為「膽小」、「不合群」，但實際上，他們內心的緊張與不安，是一種對陌生環境的天然防禦機制。這種情緒若未被家長了解與妥善引導，反而容易因為被逼迫而更加封閉，甚至養成逃避與壓抑的習慣。

造成孩子怕生的原因大致可分為三類：一是天生氣質使然，有的孩子天性就比較內向、謹慎，對人際互動較為保留；二是缺乏安全感，特別是家庭氣氛若常有壓力、衝突，孩子就難以信任外界；三則是缺乏社交經驗，從小沒機會與他人互動，自然會對人際環境感到陌生甚至畏懼。

因此，家長的第一步不是去「改變」孩子，而是「理解」孩子，學會尊重與陪伴，而非責備與催促。在孩子尚未準備好時，強迫他在眾人面前開口、表現，不僅無助於改善，反而會加深他對社交的恐懼。

循序引導，創造自然的練習機會

要幫助孩子克服怕生與害羞，絕非一蹴可幾，關鍵在於持續提供安全又有挑戰性的練習環境。日常生活中，父母可以從簡單的互動開始，例如邀請幾位孩子熟悉的小朋友來家裡玩耍，讓孩子擔任一次小主人，主動招呼、分發點心或介紹玩具。這樣的角色轉換，能夠激發孩子的參與意願與主動性。

另一個有效方式是角色扮演遊戲。家長可以用孩子喜愛的布偶、玩具模擬「拜訪朋友」、「初次見面打招呼」、「請求幫忙」等社交情境，讓孩子透過扮演角色熟悉互動流程，降低實際面對他人時的壓力感。這樣的遊戲，不但有趣，也能幫助孩子內化表達技巧。

此外，也建議家長多帶孩子參與戶外活動，如到公園和其他小朋友玩、參加親子團體活動或小型聚會，逐步讓孩子適應各種人際情境。一開始若孩子退縮，也無須責怪，而是可以牽著他的手，陪他一起說出第一句話，或一起加入遊戲，慢慢地讓孩子放鬆。

許多害羞的孩子，其實只是缺乏「安全感」與「被接納的經驗」。當他在與人互動中體會到被喜歡、被肯定的感受，自然而然就會產生社交的信心與勇氣。

讓孩子相信自己，勇敢邁出第一步

每位孩子的個性如同種子，有的天生開朗、有的內斂含蓄。家長不必急於讓孩子「變成另一種人」，而是應該從孩子的性格出發，用愛與理解為他們打造一條合適的成長之路。當我們接納孩子的慢熟，尊重他開口前的沉默，用鼓勵代替責罵、用陪伴取代命令，孩子將會在這樣的氛圍中漸漸打開心房。

害羞不是缺點，而是一種需要被看見的特質。只要給予孩子足夠的練習空間與時間，他們終將學會在適當時刻表達自己、堅定自己，從容面對各種人際挑戰。未來的某一天，當我們驚喜地發現孩子主動與陌生人交談、在眾人面前侃侃而談時，就會明白：原來那一顆膽小的種子，已悄悄在我們的守護中，開出了自信的花朵。

帶孩子走出孤單，學會與世界連結

在孩子的成長歷程中，有些孤單並非出於選擇，而是環境與教育方式造成的必然結果。像小齊就是其中一例。

小齊從小由保母照顧，爸媽平日忙於工作，即使週末也常忙著開會或加班。長時間下來，小齊的生活除了玩具和電視，就是與保母短暫的互動，這樣的日子一過就是五年。他習慣沉默、安靜，自我世界完整到不需他人參與，對同齡孩子的喧鬧，他只敢遠遠觀望。上了幼兒園之後，他坐在角落看著同學跑跳、打鬧，眼神裡既有好奇又帶點不安，老師詢問他意見時，他卻只是低頭不語，像極了對世界按下靜音鍵的小孩。

小齊媽媽原以為孩子只是慢熟，不喜歡熱鬧，可當她發現孩子連向老師提問、排隊時主動打招呼都做不到時，她終於警覺，這不是單純的慢熟，而是孩子真的無法適應群體生活。

其實，像小齊這樣的孩子並不少。他們未必天生內向，但從小若缺乏與人互動的經驗，就很容易養成孤僻、退縮的性格。尤其在 3 至 6 歲這段關鍵時期，若孩子沒有機會與同齡人遊戲、交流，未來在學校或社會上，就容易出現不敢開口、不知如何與人相處的困境。

與小齊不同，小希雖然在家庭中備受寵愛，卻也是另一種形式的孤單。她是父母 40 歲後才生的寶貝女兒，從小就是家中核心人物。大人們總是忙著保護她、討好她，從衣食到玩具全都安排得妥妥當當，連鄰居小朋友想來找她玩，媽媽都會以「怕她生病」為由婉拒。

小希的世界裡，沒有同齡人的嬉笑打鬧，只有成人圍繞的照顧與掌控。久而久之，她也習慣自己玩公主遊戲、聽大人講故事，不喜歡分享、不會等待，更不懂如何在團體中協調。上幼兒園後，她總是靜靜地坐在一旁，不願參與活動、也不想與人說話。當老師請她和同學合作，她會露出明顯的不耐與抗拒，彷彿合作是一種打擾。

其實，這種「冷漠型」的孤僻與「退縮型」的孤僻，都是缺乏社交經驗的結果。孩子如果在成長初期少了與人相處的機會，自然會將自我封閉，對群體產生不安與排斥。更重要的是，一旦孩子在與人互動中產生不安或挫折，就會更傾向回到自己的世界，這將形成一個難以打破的惡性循環。

打造社交環境，重新學會與人連結

要讓孩子走出孤單，第一步就是從環境著手。家庭氣氛是影響孩子性格的第一要素，家長應該從自身做起，營造開放、尊重與溝通的家庭文化。讓孩子參與家庭討論、給予表達意見的空間，即使只是討論今天晚餐吃什麼，都能讓孩子從中練習「參與感」。

除了家庭環境，也要多多安排孩子與其他小朋友接觸的機會。一開始不必急著安排太大的團體活動，反而可以從固定的「一對一」小約會開始。像是邀請同班的同學來家裡玩積木、拼圖，或是一起做手工餅乾、閱讀繪本。重點不是活動多精彩，而是讓孩子在熟悉的安全環境中，有機會體驗與人互動的感受。

如果孩子仍然退縮，家長可以先陪伴一起玩，擔任潤滑角色。當孩子逐漸放下戒心後，再慢慢退出，讓孩子學會主導與朋友相處的節奏。

學校老師也是非常重要的支持系統。家長不妨與老師保持良好溝通，請老師協助安排孩子與活潑、善於引導的同學分組、同桌，從小團體互動中建立信任與參與感。像老師在課堂上設計的「小幫手」輪流值日生制度，就是一種有效的互動引導方式。

此外，角色扮演遊戲也是絕佳的練習管道。透過布偶、玩具、模擬情境讓孩子在遊戲中練習打招呼、合作、表達情緒，既能降低焦慮，又能潛移默化地培養社交技巧。搭配繪本、故事書，也能讓孩子在情節中產生共鳴，理解自己的行為與他人互動的關聯。

對於年齡稍大的孩子，家長更應該開始教導他具體的社交技巧，例如：如何開口邀請別人玩、如何在遊戲中輪流、如何處理衝突等。不要假設孩子「會自己學會」，這些都是需要練習的技能。父母可藉由示範、對話、甚至角色演練，幫助孩子理解這些行為在現實生活中的應用。

孩子的未來，從與人連結開始

孩子是否能融入群體，不只關乎童年的快樂，更是日後適應社會的基礎。孤僻的孩子容易被邊緣、誤解，甚至成為霸凌目標。長久下來，不僅影響自信與人際能力，更可能產生心理上的焦慮與逃避行為。

而能在群體中自在相處的孩子，往往更有親和力、更懂得溝通，也更容易從別人身上學習不同觀點與解決方式。他們在學習中更能合作、在困境中更能求助，這些都是現代社會不可或缺的能力。

要讓孩子從「獨行者」成為「參與者」，需要的不是一夜改變，而是細水長流的支持。家長的耐心引導、環境的友善包容，以及一點一滴的成功經驗，都是孩子走向群體、走向自信的墊腳石。

如果你的孩子此刻還躲在角落，那不代表他永遠都會如此。請你牽起他的手，一步步帶他走進世界，讓他知道：這個世界並不可怕，交朋友並不難，而在關係中，他也值得被喜歡、被接納、被看見。孩子的未來，從一次笑容、一句問候開始，只要有方向，就永遠不會太晚。

合作是未來的基本能力

現代社會快速變遷，不再只是憑個人本事就能成功的時代。現今的職場與生活樣貌早已強調「團隊」的重要性，協作成為立足社會的基本能力之一。無論是公司專案、學術研究，還是社區治理，都需要多方資源整合與合作。對孩子而言，從小若不具備合作的觀念與能力，將來不僅在人際上處處碰壁，甚至可能在團體中被孤立。

有一回，佑佑參加校內的科學競賽，四人一組完成一項簡易機械裝置。他起初總想一人包辦所有工作，不願聽從其他同學意見。結果，時間來不及，作品也出現故障。經過老師的提醒與同儕的建議，他才願意分工協力，再次修正。經過這次教訓，佑佑深刻體會到「光靠自己，真的做不完；只有合作，才能共創成果」。

合作不是示弱，也不是放棄自己想法，而是願意在集體中找到平衡點，與他人一起達到共同目標。這樣的素養若能從小開始建立，孩子面對團隊時會更自在、更懂得尊重和包容，也更懂得從他人的智慧中學習與成長。

生活中的合作教育從細節開始

教育孩子合作的第一步，不是等到他犯錯才教，而是從日常生活中點點滴滴累積。家長可透過具體的小事引導，例如收拾房間時說：「我們一起來整理書桌吧，你負責分類書本，我來擦桌面，這樣速度會更快。」或是在準備午餐時邀請孩子：「我們一起做三明治，你來鋪生菜，我來切番茄，合作起來比較有趣對吧？」

透過這種「做中學」的方式，孩子可以真切感受到合作不僅有效率，更能培養一種責任感與參與感。當孩子感受到被信任與需要，他會更願意貢獻自己的一份力量，而不是袖手旁觀。

此外，家長應避免在合作中「包辦一切」，例如在孩子與朋友玩積木時，不必急著替他們解決爭執或安排角色。與其介入，不如在旁邊觀察，適時引導他們自己協商與調整。這樣的訓練比一味指導更能幫助孩子內化合作精神。

學會傾聽與包容，合作才有深度

孩子之所以難以合作，往往是因為自我意識過強，不懂得傾聽、不願意讓步。這時，父母可在日常對話中設計練習機會，例如：「如果你想看卡通，但妹妹想聽故事，要怎麼安排才公平？」讓孩子學習換位思考，懂得別人的需求與立場。

也可以透過角色扮演的方式進行模擬情境，讓孩子學習用禮貌語氣表達意見，例如：「我希望我們先做這個部分，好嗎？」或是「你的想法很棒，我們可以一起試試看。」這些語句訓練，不只是語言能力的養成，更是合作情境中溝通的關鍵。

如果孩子在團體中總想掌控局面，也需要提醒他「每個人都有貢獻的空間」，領導與獨裁不同，真正的合作是讓所有人都有參與的機會與尊重。家長自己若能以身作則，在家庭討論時尊重配偶與孩子的意見，也會讓孩子潛移默化學會民主與合作的態度。

建立信任，合作才會發揮效能

合作不只是技巧，更是一種基於信任的關係。如果孩子覺得自己在團體中不被接納，或總是被否定，他自然不願意投入或表達。因此，鼓勵孩子的每一次努力，尤其在他參與團隊過程中，即使成果未必完美，也要讓他知道「你的參與對大家很重要」。

像是當孩子與朋友一起完成拼圖時，哪怕只放對了幾塊，也可以說：「你剛剛的觀察很仔細，幫了大忙呢！」這種正面強化能讓孩子感受到價值與歸屬，更願意未來主動參與。

此外，若孩子在合作中產生爭執，家長不應立刻評斷對錯，而是引導孩子表達自己的立場，再聽聽對方的想法，然後一起尋找妥協方案。讓孩子理解，合作中不可能總是順利，有分歧也很正常，重點在於願不願意調整與重新出發。

讓孩子在合作中茁壯

學會合作，是孩子邁向成熟的重要一課。合作能力不是天生的，而是透過一次次互動中累積、修正與深化。它不只是為了未來職場或團體生活準備，更是在孩子的心理層面植入「我們可以一起完成一件事」的信念，這種信念能夠培養信任、責任、同理與彈性。

因此，身為家長，我們的任務不只是教導孩子知識和技能，更應在生活的細節中陪伴孩子體驗合作的意義。當孩子在一次又一次的分工、協調與合作中，逐漸成為一個既能傾聽、也願意付出的人，這樣的孩子，將來無論走進哪個場域，都能自在地與世界連結，踏實地實現自己的價值。

孩子越懂得分享，未來人際越豐盛

在日常生活中，最受小朋友歡迎的，往往不是那個最聰明或最會表現的孩子，而是那位願意與人分享零食、玩具、快樂的孩子。這種看似簡單的行為，其實蘊含了社交互動的本質 —— 懂得顧及他人感受，願意打開自己的心門。

小嘉就是個反例。雖然家中給他最好的玩具和豐盛的點心，但他總是緊緊地把所有東西握在手裡，任何人只要靠近他的糖果盒，他就立刻皺眉、退後、說不行。久而久之，幼兒園裡的其他小朋友不再願意與他一同遊戲，甚至有孩子悄悄地對老師說：「他什麼都不給人家，我不想跟他玩了。」

分享，不只是「把東西分出去」，更是一種學習關心別人、建立連結的社會能力。如果孩子從小就學會分享，不只會更快融入群體，更能從中學會信任與互動，為日後的人際關係打下良好基礎。

從安全感開始，讓孩子自發願意分享

許多孩子之所以不願意分享，並不是天生自私，而是內心缺乏安全感。他們害怕「失去」，害怕「不夠」，甚至對「分享」這件事抱持戒心。這時候，家長的角色變得格外重要。

像小恩的媽媽，她每次接小恩放學時，總會在書包裡放上一包糖果與餅乾，並笑著說：「這些可以拿去和朋友一起吃喔！」起初，小恩也會猶豫，總是先吃完一半再偷偷觀察其他同學。後來，當他發現大家因為收到糖果而笑著說「謝謝你」時，他開始主動分享，甚至有天還對媽媽說：「媽，下次能不能多放一點？我要分給新來的小朋友。」

孩子一旦發現「我給出去，世界並沒有變小，反而變得更快樂」，他們便能體會到分享的樂趣，甚至開始主動去付出，而不是只關心自己的擁有。

透過換位思考，讓孩子理解別人的感受

孩子不會一開始就懂得別人的想法，這需要引導。家長可以從生活中的小事做起，引導孩子設身處地思考。例如，當看到有其他孩子沒有點心時，可以問：「如果今天你忘了

帶點心，你希望別人分給你嗎？」這樣的問話方式，能讓孩子暫時跳出自己的角度，進入他人的世界。

有一次，小涵在公園裡吃著餅乾，旁邊坐著一個陌生的小女孩一直看著她。媽媽輕聲說：「妳要不要問問她要不要吃一塊？」小涵先是搖頭，但媽媽又說：「妳記得上次去動物園，姐姐分妳洋芋片，妳有多高興嗎？」她想了想，遞了一塊給小女孩。那一刻，小涵從小女孩的笑容中得到了溫暖的回饋。從那天起，她對分享不再抗拒。

讓分享不只是「做表面」的行為

有些大人為了讓孩子學會分享，會用「測試式」的遊戲，例如假裝要吃孩子的點心，然後又笑著說：「奶奶不吃，乖，你自己吃吧！」這種「假分享」其實反而可能讓孩子變得更自我。因為他會認為：「其實大家不會真的要我東西，只是表演給大人看而已。」久而久之，分享變成表演，而非真心的給予。

分享應該是自然、真誠的行為。與其用試探，不如真正讓孩子去經歷一次「東西被分走了，但快樂沒有減少」的經驗。這才是讓他真正領悟分享價值的關鍵。

建立分享環境，讓大方成為自然

家庭是孩子的第一個社會。若父母常常對彼此慷慨、互相體貼，孩子自然會模仿。吃水果時，可以邀請孩子一起分配：「我們一人一片橘子，這樣大家都有喔！」或是邀請孩子與親人分享：「這塊蛋糕好吃，我們切一半給奶奶，好嗎？」

此外，讓孩子與願意分享的同齡朋友一起遊戲，也是一種有效的方式。比起大人苦口婆心地說教，孩子更容易從同伴身上學習。如果周圍的小朋友會互相交換玩具、彼此照應，孩子自然也會學著這樣做。

還有家長分享這樣的做法：當買了新的玩具或圖書時，她不會第一時間就給孩子，而是說：「你要不要明天帶去學校和小朋友一起看？」孩子帶去之後發現，大家輪流看、一起討論的快樂，比自己一個人悶著玩有趣多了，從此更樂於分享。

當孩子體會到分享帶來的正面情緒，他會更主動地去做這件事。但這需要時間與耐心的引導。可以從最簡單的家務分工開始，讓孩子習慣「一起完成」、「彼此協助」的過程，例如一起準備餐具、一起收玩具等。這些看似日常的動作，背後正是互助與共榮的種子。

最重要的是，家長在培養孩子分享的過程中，應避免強迫。當孩子表現出願意分享時，要及時給予真誠的讚美與肯定；當孩子還在掙扎猶豫時，也不要急著責罵，而是耐心陪伴他走過這段心理轉換。

從願意分享開始，培養寬廣的人際世界

一個懂得與人分享的孩子，不僅能在童年階段結交真誠的朋友，更會在未來的職場、社會中，展現出寬容、包容、利他的氣度。這種氣度，正是現代社會最稀缺也最珍貴的人格資產。

因此，別小看孩子分享一塊糖、借出一個玩具的行為。那正是一顆顆關於體諒、共存、互助的種子，在無形中悄悄發芽。願我們的孩子，能在這樣的氛圍中長大，心胸寬廣，情感豐盈，在人群中自在地發光發熱。

孩子學會傾聽，人生多一份智慧

在孩子的成長過程中，「傾聽」是一項極為關鍵卻經常被忽略的能力。許多父母在日常教養中，總是著重孩子的語言表達與自信養成，卻很少花心思讓孩子學會如何安靜地

聽、認真地聽、懂得去聽。其實，會聆聽的人，往往比只會說話的人更具吸引力與影響力。

我們常看到一些孩子在課堂上急著發言，卻在老師講課時心不在焉，導致該記的沒記、該懂的不懂，學習自然難以提升；在團體活動中也常有孩子插話、不讓人說完，結果不只人際互動出問題，還容易造成誤解或爭執。這些現象的背後，其實都是「不會傾聽」所帶來的結果。

一個願意專心傾聽的孩子，能從中累積對人事物的理解力，更能因此建立人際間的信任感。他懂得尊重他人、吸收不同觀點，也會比較少犯衝動性的錯。無論在學業上或社交上，這都是幫助他成長的重要能力。

用方法練習傾聽，讓孩子從習慣中進步

要讓孩子學會傾聽，並非一朝一夕。家長不妨從遊戲中帶入練習，讓「傾聽」成為孩子生活的一部分。例如，可以請孩子根據你的指令完成動作：「聽到我說『紅色』就舉手，聽到『藍色』就拍手。」這種聽覺辨識遊戲，不僅訓練聽力，也提升專注力。

再如「傳話」遊戲也非常有效。家長說一句話讓孩子傳給另一個家庭成員，內容可簡單如「晚餐後我們去散步」，

再請對方回覆訊息是否正確。這不僅訓練記憶，更重要的是，讓孩子知道自己有責任「聽對、說清楚」。

此外，可以設計「找錯誤」的小活動，例如有意說出「太陽從西邊升起」這樣的錯誤句子，請孩子指出哪裡不對。透過這類互動，孩子不再只是「聽過就算」，而是學會細聽與思考。

父母要先聽，孩子才會學會聽

孩子的學習多來自模仿，父母如果總是打斷孩子說話、邊滑手機邊回應、或不耐煩地催促，那麼孩子自然不會覺得「傾聽」是值得學習的事。反過來說，當孩子跟你說話時，你能蹲下身子，眼神接觸、專心聆聽，不但能給孩子足夠的安全感，也讓他學會什麼是被傾聽的溫暖。

在家裡，父母也可以創造「輪流說話」的空間，例如吃飯時讓每個人輪流分享今天發生的一件事，其他人不能插嘴，要等對方說完才能回應。這樣的家庭文化不只訓練孩子的傾聽力，更是培養尊重與表達的絕佳機會。

而在學校或其他活動場所，則可以多鼓勵孩子參加像是故事會、朗讀會或演講會等需要聆聽與回應的活動。這些練習可以幫助孩子學會聽清楚任務說明、理解規則，進一步提升解決問題的能力。

讓傾聽成為孩子素養的一部分

在這個資訊爆炸、聲音過於喧嘩的時代，真正能靜下心來傾聽的孩子，反而更加難得。他們往往比較細膩、懂得設身處地，情緒也比較穩定。當孩子願意聽，就容易理解別人；當孩子願意聽，就更能發現自己不足，進而修正與成長。

比起一味地訓練孩子「說什麼」，我們更應重視「孩子如何聽」，因為能靜靜傾聽的人，才是真正會說話、會思考、懂得體貼的人。

傾聽，是深度理解與尊重的起點

孩子學會傾聽，不只是提升學業或人際技巧而已，它更是一種內在素養的體現。會傾聽的孩子，不輕率、不自我、懂得尊重別人，也懂得接納不同的觀點與聲音。在這樣的基礎上，孩子才會更懂得表達、更懂得合作、更懂得成為一個讓人安心信任的人。

因此，從今天起，讓我們給孩子多一點「安靜聽別人說話」的機會，從家庭互動做起，在遊戲中引導，在實際情境中反覆練習。傾聽不只是耳朵的工作，更是心靈的開放，是通往成熟與智慧的第一步。學會傾聽，孩子的世界會更寬廣。

讓孩子勇敢表達，從自信說話開始

有些孩子天生安靜，不喜歡在人前說話，甚至在家裡也常三緘其口。像小哲就是一個例子，他從小個性文靜，不愛主動開口，就連爸媽問問題，他也總是點點頭或簡單地回一句。學校老師更常忘了班上有這位存在感極低的學生。這讓父母既擔心又心疼。

其實，孩子不愛說話並不代表他們沒想法，而是缺乏表達的勇氣與練習的機會。尤其是內向或比較謹慎的孩子，更需要大人刻意創造練習的空間，逐步打開他們的語言表達能力。

想讓孩子勇於說話，日常生活中的點滴都是訓練的好時機。像是請孩子到餐廳幫忙點餐、在便利商店結帳、或是向鄰居打招呼、幫爸爸媽媽傳遞訊息等等，都是不經意中提升表達能力的方式。當孩子習慣於這些互動，就能逐漸建立面對他人的勇氣。

此外，父母還可以設計一點點「舞臺感」的練習方式，例如在家庭聚會中讓孩子分享今天學校發生的趣事、或演一小段故事，讓他慢慢享受被傾聽的感覺。只要開始說，就踏出成功的第一步。

用信任與傾聽點燃語言的火苗

語言的力量不只是來自口語，更來自心裡的感受。如果孩子常被打斷、質疑、甚至取笑，他很快就會覺得「說話是危險的事」。相反地，當父母用尊重的態度傾聽孩子說話，讓孩子知道自己的聲音是被重視的，他自然會更願意開口。

當孩子回答問題時，即使不夠完整、詞彙簡單，也要先給予鼓勵與肯定，再慢慢引導孩子補充細節。例如：「你說得很好，那接下來呢？」、「哇，這個點子不錯，你是怎麼想到的？」這些追問式的回應，能讓孩子在輕鬆的氣氛中練習思考與表達。

如果孩子一時詞窮，不妨用提問的方式引導他思考，像是：「你喜歡這本繪本哪裡？」、「這次的戶外教學你最開心的事情是什麼？」這不僅刺激語言組織，也幫助孩子將想法有條理地說出來。

父母也可以透過故事與音樂來提升孩子的語感與詞彙。與孩子一起唱童謠、唱兒歌、說故事，不但讓親子關係更緊密，也讓孩子自然地把語言當成生活的一部分。

說話，是通往世界的橋梁

孩子語言表達的能力，不單只是「會說話」，而是能勇敢地說出心裡的想法、表達自己的觀點與感受，這是建立自信與人際互動的起點。想讓孩子能在未來勇敢面對生活的種種挑戰，從學會開口說話開始，是關鍵的一步。

父母是孩子學習表達的第一位老師。透過尊重、傾聽與陪伴，讓孩子知道：他的聲音值得被聽見。他們會從一次次的練習中發現說話的樂趣與成就感，也會從被理解的經驗中找到自信。

讓孩子從「不敢說」走向「想要說」、再到「能清楚地說」，這是一段充滿溫暖與耐心的旅程。而這段旅程，將為孩子打開與世界溝通的大門。勇敢說話，不只是能力的培養，更是自我價值的展現。

禮貌從生活養成，孩子的教養看得見

在公園、餐廳、超商，我們常會看到這樣的畫面：孩子在公共場所奔跑喧鬧，對長輩與陌生人缺乏基本的問候與禮貌，甚至在親戚家探訪時，亂翻抽屜、指手畫腳。許多家長對此雖感尷尬，卻往往歸咎於孩子年紀小、不懂事，或乾脆視而不見，任其自然。

然而，孩子的行為模式，其實往往是家中教育方式的反射。有些父母從小只關注孩子的成績、才藝課，卻忽略了孩子在待人接物上的教養與基本規矩。他們或許教過孩子要打招呼、說謝謝，但卻沒解釋「為什麼」要這麼做，導致孩子缺乏理解，也難以內化成自覺的行為。

更有甚者，父母本身平常言語粗魯，態度冷漠，卻希望孩子有禮懂事，這對孩子來說無疑是種矛盾。而當孩子在待人接物上有失分寸時，家長又以「沒關係、長大就會懂」草率應對，甚至忽視孩子錯誤行為的影響，讓不良習慣一點一滴地根深蒂固。

如果我們希望孩子日後能自然展現出得體、文明的舉止，那麼從小的生活細節，就是最佳的學習場域。父母不僅要以身作則，也應讓孩子在互動中體驗到被尊重與尊重他人的價值，這種從經驗中培養的教養，才是最穩固的根基。

生活中教出細緻有禮的孩子

培養孩子的禮儀感不需要等到正式場合才開始，也不是靠一次講解或一堂課就能建立的。最重要的是，家長要把禮貌教育融入日常，讓孩子在不斷重複與實踐中，自然而然內化成習慣。

當家裡來客人時，是練習的絕佳時機。父母可以帶著孩子一起準備點心，鼓勵他主動開門、招呼客人、遞上茶水，讓孩子感受到自己是家中的一分子，也開始學會如何表現出尊重與熱情。客人離開時，更可引導孩子道別、感謝，讓整個流程成為孩子學習禮貌的現場實作。

在餐桌上，我們可以引導孩子了解基本餐桌禮儀，如不先動筷、不發出聲響、不挑食等，也可以安排孩子幫忙分菜，學會照顧年長者與其他家庭成員。藉由這些參與的機會，孩子會從中感受到秩序與尊重的重要。

除了行為練習，言語上的禮貌更應從小培養。每天的「早安」、「謝謝」、「不好意思」、「再見」等基本用語，不該只是「口號」，而要在具體互動中重複使用。當孩子被稱讚時，也應學會自然地回應「謝謝」，而非一味謙虛或否定對方的善意。

家長也要幫助孩子學會讚美與接受讚美，這是溝通中極具溫度的潤滑劑。可以透過簡單的練習，例如觀察一件事物、描述他人的優點，鼓勵孩子用具體詞語表達欣賞。慢慢地，孩子會理解正向語言不僅能拉近關係，也會為自己帶來更多友善的回應。

教養，是孩子一生的無形資產

禮貌與教養，並非只為了「體面」或「裝樣子」，它們更是人與人之間建立信任與尊重的橋梁。一個有禮的孩子，往往更容易打開他人的心，也更能適應團體生活中的各種互動挑戰。

當孩子學會說「請」、「謝謝」、「對不起」，學會傾聽、等待與體諒，他其實也正在學會尊重他人與自己。而這種內化的修養，是成長過程中最珍貴的底蘊。

身為父母，不妨從今天開始，把對孩子的要求轉化為日常生活的實踐。從一個擁抱、一句問候、一項小任務開始，慢慢灌溉出孩子內在的禮貌種子。只要用心耕耘，這顆種子終將長成一棵穩重、優雅又自信的大樹，在人生的每一個場合中閃閃發光。

孩子與同儕之間的衝突，是最好的學習時刻

在日常生活中，孩子們相處時難免發生爭執，有時是為了搶玩具，有時是因為輪流規則沒說清楚。這些小衝突看似瑣碎，卻是孩子邁向成熟的一道道必經關卡。不少家長面對孩子爭吵時，會選擇兩種極端方式：一種是全力護航自家孩子，另一種則是一味要求孩子容忍退讓。其實，這兩種方式都過於簡化問題，也錯失了教育的契機。

每個孩子都是家庭的寶，尤其在獨生子女的環境下，更容易產生「以自我為中心」的想法。他們從小習慣了被大人包辦，遇到衝突時第一時間自然求助父母。但如果我們總是插手，甚至代為處理，孩子不僅失去自己解決問題的能力，也會誤以為只要哭或告狀就能獲得勝利。

事實上，多數孩子的爭執都只是短暫的摩擦，幾分鐘後又能手牽手繼續玩耍。反倒是大人因為面子問題或情緒牽動，把原本的小事升級為雙方家庭的冷戰。因此，比起介入處理，父母更應該學會適度「旁觀」，觀察孩子之間如何協調與溝通。

曾有位媽媽帶著孩子到公園玩，遇到兩個年幼孩子為了

鞦韆而吵得不可開交。一旁的家長急著要幫孩子爭取，準備出面理論時，那位媽媽反倒輕聲說：「讓他們自己商量看看。」結果兩個孩子沉默一會兒後，居然互相提議「你先玩三下，我再玩三下」，就這樣簡單地解決了。

這個過程，不但讓孩子練習表達與協商，也讓他們明白如何在衝突中找到雙贏方案。如果每次都仰賴大人「主持公道」，孩子將永遠不懂何謂平等與尊重，更難以面對日後複雜的人際互動。

學會面對衝突，才是最實用的社交課

教育孩子處理衝突，不是要他永遠退讓，也不是鼓勵他爭強好勝，而是教他如何理解他人、思考解法，並為自己的情緒與行為負責。這是一種從行動中累積的智慧，而不是聽講可以學會的理論。

家長可以引導孩子，在發生爭執時先聽對方說什麼，再說自己的感受。引導他表達：「我覺得你搶了我玩具，我很不開心」，而不是立刻動手搶回。當孩子開始理解對方的想法，他會發現衝突不一定只有一方對、一方錯，而是兩人之間的誤會與期待不同。

此外，也可以請孩子自己提出解決方式，而不是由家長直接下指令。像是「你有什麼好主意可以解決這件事？」或「你覺得怎樣才公平呢？」讓孩子從思考中找出行動方案，這樣的經驗將在他成長過程中反覆出現、發酵，讓他學會獨立處理問題的勇氣與方法。

一位媽媽分享過自己的經驗：她家兩個孩子常為了玩具吵架。以往她總是強制一人退讓，但效果不佳，還加深孩子之間的怨氣。後來她改變方式，讓孩子輪流說出自己的想法，然後一同制定使用時間表。這樣一來，不但吵架次數減少，孩子也學會站在對方立場想問題，兄妹之間的關係明顯改善。

放手讓孩子嘗試錯誤，也是在教他們成長。唯有在衝突中學會控制情緒、表達觀點、尋找共識，孩子未來才有能力面對比遊戲更複雜的社會現實。

讓孩子在人際互動中學會獨立與包容

衝突並不可怕，可怕的是我們剝奪了孩子從中學習的機會。每一次吵架、每一場爭奪，其實都是孩子了解自我、了解他人的契機。如果我們願意給孩子空間，讓他練習與人溝通、嘗試錯誤，他將從中學會如何妥協、如何主張、如何建立良性關係。

社會不可能事事都順心，孩子總有一天會離開家庭、進入多元世界。如果我們想讓他有解決問題的能力、有面對不和的勇氣，那麼現在就該放手，讓他從小衝突中學會大智慧。

因此，當孩子在公園裡因鞦韆爭執、因玩具吵鬧時，請暫時不要急著介入。站在一旁，引導他說話、理解、協商，給他一點信任，也給他一點責任。他將因此學會面對世界的方式，走出一條屬於自己的成熟之路。

第六章
多一分肯定，孩子就多一分無懼

每個孩子在成長過程中，都可能出現膽怯與退縮的情況。面對這樣的表現，許多父母往往難掩失望，不是嘆氣抱怨孩子太懦弱、缺乏魄力，就是懊惱孩子因不敢嘗試而錯過機會，甚至有些父母乾脆將孩子貼上「膽小鬼」的標籤，自此放棄耐心引導。

然而，勇敢並非與生俱來，更不是一蹴可幾的特質。孩子需要時間去練習，也需要來自父母的信任與支持。對孩子而言，父母的鼓勵就像陽光一樣，能融化他們內心的不安與恐懼，是建立自信與勇氣最重要的源頭。當孩子感受到被肯定，他們才會有勇氣去面對未知、挑戰困難。

與其責備與失望，不如陪孩子走過害怕的時刻，一步步幫助他們建立安全感與行動力。只要父母願意給予溫柔而堅定的引導，孩子終將學會跨出第一步，戰勝膽怯，在未來的旅途中無懼風浪、勇敢前行。

讓孩子成為真正勇敢的人，從賞識開始

在日常生活中，我們時常可以看到這樣的場景：孩子跌倒了，大人立刻衝上前，七手八腳地將孩子扶起，嘴裡不斷地安慰：「痛不痛？誰欺負你了？」甚至開始責怪其他孩子，要求他們道歉或遠離自己的孩子。這種本能的反應，其實出發點是愛，但在不知不覺中，也把孩子勇敢面對困境的權利一併剝奪了。

四歲的語語在公園玩耍時，不小心被另一位小朋友撞倒，她剛想自己爬起來，奶奶卻急忙趕來，一邊呵斥對方，一邊將語語抱起安慰。原本只是一次小小的跌倒，卻變成大人之間的誤會與爭執。事後，語語發現自己哭一哭、躺在地上不動，就能獲得注意與「勝利」，也開始依賴這種方式處理與同儕間的小衝突。

這樣的情況不只一次發生。許多孩子逐漸養成習慣：只要遇到不順，就馬上找大人解決，無論是搶玩具、跌倒還是受傷，自己都不嘗試面對，只等待家長出手調停或主持公道。時間久了，孩子會變得缺乏主見、缺乏應變力，更害怕獨自面對未知與風險。

相反的，有些家長懂得「在安全範圍內放手」，這樣的做法或許在短期內讓孩子多跌幾次、多受幾分委屈，但他們卻在過程中學會了思考、嘗試、調整與承擔。

有次，小宇在朋友聚會中被推倒，媽媽並未立刻衝過去責怪對方，而是在一旁觀察孩子會如何反應。小宇哭了幾聲後，慢慢爬起來拍拍衣服，自己走回隊伍繼續玩遊戲。事後，媽媽鼓勵他：「你剛剛自己站起來，真的很厲害，我知道你可以！」這樣的言語，比過度安慰更能讓孩子記住「我做得到」，這也是勇氣真正的起點。

引導孩子挑戰困難，欣賞他們的努力

許多家長對孩子的要求是矛盾的：既希望孩子勇敢、堅強、有主見，又常常因為擔心出錯、害怕危險，反而什麼都不讓孩子嘗試。這樣的心態，無疑是關上一扇又一扇讓孩子成長的門。

三歲的昀昀看到別的小朋友在攀爬遊戲架，也想嘗試。媽媽並未一口拒絕，而是握著她的手說：「你可以慢慢來，我會在下面保護你。」當昀昀順利爬上頂端，臉上展現出從未有過的驕傲神情。媽媽適時地說：「你自己做到的，這就是你很棒的地方！」這樣的引導，讓孩子感受到「努力」與

「成就」之間的連結，也培養出對挑戰的渴望。

當孩子表現出好奇或挑戰的意願時，家長不應急著潑冷水，而應適時提供資源與安全保障。比方說，當孩子想學騎腳踏車、自己搭捷運、自己寫功課，不妨試著陪他一步步完成，然後告訴他：「你做到了，不靠爸媽，你就能自己完成。」

有一次，小陽在家門口看到郵差送信，回頭問媽媽：「我可不可以自己去幫你收信？」媽媽放下手邊的工作說：「當然可以，媽媽相信你會小心。」從這個簡單的信任開始，小陽開始幫忙倒垃圾、買麵包、與鄰居打招呼。他不是一開始就很勇敢，而是因為被信任、被肯定，才慢慢培養出敢於嘗試的個性。

賞識，不一定要等孩子做出驚天動地的表現。孩子今天嘗試了一道以前不敢吃的菜、敢舉手回答老師的問題、勇於承認犯錯，這些看似微小的勇敢，都應得到父母的正面回應。

「你今天主動跟小朋友說話，媽媽有注意到，很棒喔！」這樣一句簡單的肯定，比千言萬語都來得有力。

真正的勇敢，是在被信任中養成的

孩子的勇氣，並不是一夕之間養成的，它來自一次次跌倒又站起來的累積，一次次挑戰未知的過程，一次次被賞識與鼓勵的回應。

有些家長會說：「我的孩子太膽小了，什麼都不敢試。」但真正的問題往往不是孩子，而是家長不敢放手、不願意承擔孩子受挫的可能性。當我們總是以「危險」、「麻煩」、「做不好」為理由，將孩子困在安全的繭中，他們自然無法長出勇敢的翅膀。

勇氣，並不是沒有害怕，而是在害怕中仍願意嘗試；並不是每次都成功，而是失敗後仍願意再來一次。而這樣的精神，來自父母的理解與支持。

請給孩子多一點嘗試的空間、多一點面對困難的機會。跌倒時不要急著扶，先等他拍拍膝蓋再爬起來；想挑戰時，不要急著阻止，陪他一起找出方法。當他成功時，請真誠地讚美他：「你真的做得很棒，媽媽知道你可以的。」這就是賞識的力量。

我們都希望孩子未來能夠獨當一面，能在生活、學習、甚至人際關係中勇敢前行。那麼現在，就該放下那份過度的焦慮與擔憂，用信任與陪伴讓他們一步步累積面對風險的勇氣。

別忘了，真正堅強的孩子，不是從來沒摔倒過，而是在每次摔倒之後，都學會了自己站起來，並相信下一次可以走得更穩、更遠。

標籤不是限制，而是引導孩子性格的方向盤

語言對孩子的影響遠比我們想像得還深。尤其是家長的一句話，往往就能決定孩子對自己的看法與行為取向。當我們將某種「特質」反覆賦予孩子，無論是正面或負面的，他們都很可能會逐漸內化這樣的評價，進而變成我們口中所說的「那種人」。

心理學稱這種現象為「貼標籤效應」，意指當一個人被他人反覆貼上某個標籤時，他便可能逐漸展現出與該標籤相符的行為模式。這一原則同樣適用於家庭教育中，若我們總是說孩子「膽小」、「不會表達」、「愛哭」，那麼這些負面標籤就會在孩子心中種下懷疑與退縮的種子；相反地，若我們給予孩子「勇敢」、「有想法」、「願意嘗試」等正向評價，這些語言會像一面鏡子，引導孩子看見自己的潛力與力量。

以下是幾個常見親子互動場景與語言標籤對孩子行為所產生的實際影響，透過整理與對照，能幫助家長更清楚地看見語言的力量，以及「正面標籤」如何實質幫助孩子變得更勇敢、自信。

教養情境	家長用語類型	孩子的反應／行為結果	教養啟示與對策
敏敏摔倒，奶奶過度保護，並責怪其他人	負面標籤（否定行為）	變得依賴、不願面對失敗、不被朋友接納	過度保護反而削弱孩子的勇氣與社交適應力，應學會適時放手
小戴摔倒，父母鼓勵他自己站起來	正面標籤（強化勇敢行為）	增加自信、能自我肯定、情緒恢復快	給予孩子信任與肯定，有助於建立堅強的個性
小唯看到人沒打招呼，媽媽責罵她膽小	負面標籤（負面評價）	行為更退縮、變得被動、不敢表現	負面語言容易內化成孩子的自我認知，應以引導取代責罵
媽媽透過老師的話誇獎孩子勇敢	正面標籤（正向引導與轉述）	孩子更勇於表現，學習態度進步，提升自信	正向語言具有放大效果，透過轉述肯定更能讓孩子有自信
媽媽鼓勵孩子記錄自己的勇敢事蹟	正面標籤（心理暗示與自我對話）	孩子行為逐漸接近勇敢的標籤，自我認同提升	引導孩子自我描述，有助於內化勇氣行為與自我建構

嘗試是成長的起點

六歲的安安是一個好奇心旺盛的孩子，某天晚餐後，他主動提出想幫媽媽擦桌子。媽媽正忙著收拾碗盤，聽到安安這麼說，轉過頭卻立刻說：「小心桌角，不要撞到！」接著又補上一句：「那個水杯你別碰，萬一摔碎了會受傷。」

安安原本滿心期待的熱情瞬間被潑了冷水，只能悶悶不樂地坐到一旁。過沒多久，他悄悄問爸爸：「我是不是做不好？所以媽媽不讓我幫忙？」這句話讓爸爸愣住了，才意識到：家裡的關愛，竟變成了限制孩子自信的無形枷鎖。

孩子的世界本該充滿探索與挑戰，然而許多家長因為過度擔心，總是搶在孩子前面，把「可能的失敗」視為災難，結果讓孩子連「試試看」的勇氣都沒有機會養成。

一如曾經的依琳，小學三年級以前，她從不敢參加任何課外比賽。不是她不想參加，而是每當學校發下報名表，她的媽媽總會說：「先別急，萬一成績不好，會不會很難堪？」久而久之，依琳習慣性退縮，甚至連喜歡的畫畫比賽也不敢提。直到小五那年，老師私下鼓勵她參加校內的創意海報比賽，並親自幫她完成報名。那次，她獲得了第二名，興奮地抱著獎狀回家。出人意料地，媽媽竟眼眶泛紅說：「媽媽一直以為妳會因為比賽壓力太大不開心，原來妳早就準備好了。」

依琳的轉變，不是因為她忽然變得厲害，而是因為她終於有機會「試試看」。

給機會，也給孩子失敗的權利

許多家長會問：「孩子萬一摔倒怎麼辦？做不好怎麼辦？」但現實就是，若孩子不曾摔倒，又怎麼知道怎麼站起來？如果每次都怕孩子做不好，最後只會讓他連動手的念頭都不敢有。

放手，不等於放任，而是一種有界線的支持。像是六歲的小浩，在公園玩腳踏車時摔倒了，媽媽忍著不去扶，只遠遠說：「拍拍膝蓋，試試能不能自己站起來？」小浩抹了抹眼淚，歪歪斜斜又騎上車。晚上回到家，他得意洋洋地跟爸爸說：「我今天摔倒了，可是我自己爬起來喔！」這樣的經歷，比任何一次順利的成功都來得寶貴。

家長應當給孩子犯錯的空間，哪怕弄髒了衣服，哪怕洗碗時打破了一個碗，那都是他學習生活、成為獨立個體的過程。只要家長不責怪、不嘲笑，而是用鼓勵的態度陪伴，就能讓孩子把錯誤當作墊腳石。

此外，若孩子表現出新奇的創意，也請家長耐心傾聽。像是有個小朋友，用寶特瓶蓋做出一支「宇宙槍」，還在房間裡設了一個「太空基地」。媽媽看了本想笑出來，但她轉念一想，這不正是孩子創造力的展現嗎？她反問：「這個基地有沒有隊員名單？我可以加入嗎？」孩子當下眉開眼笑，信心倍增。

勇氣，是一點一滴的累積

讓孩子去嘗試，不只是在幫他累積經驗，更是在替他建構勇氣。當孩子發現「原來我做得到」，這股力量會持續堆疊，讓他更敢面對未來的挑戰。

當孩子說他想試著幫忙、想自己搭捷運去圖書館、想報名學校的演講比賽，不要第一時間說：「你可以嗎？」請改說：「那我們一起討論要怎麼準備吧。」只要大人相信他，他就會開始相信自己。

有時候，一句「你比我還厲害」的肯定，比十次示範更能帶出孩子潛藏的勇氣。也許他現在還不夠熟練、還會失敗，但這些過程終將讓他學會：沒有嘗試，就不會知道自己的潛力有多大。

放手，是最深的信任

與其替孩子設下無數限制，不如引導他們學會保護自己，理解風險，在安全的框架內去探索。唯有不怕犯錯的孩子，才有機會走得遠、走得穩。

放手讓孩子嘗試，並不是不管他，而是代表我們相信他能夠學會，能夠成長。鼓勵孩子勇敢去嘗試，是給他最好的禮物，更是為他鋪上一條堅定走向未來的道路。

不要剝奪孩子挑戰自己的機會

週末午後，一對夫妻帶著七歲的女兒凱凱來到森林步道。途中經過一處小溪，水面不深，溪裡有些石頭可以踩著過去。凱凱眼神閃閃發亮，興奮地對媽媽說：「我想走石頭過去看看！」媽媽立刻皺起眉頭，說：「太危險了，妳會滑倒、會溼掉，回家會感冒，還是不要了！」凱凱撅著嘴巴，不甘心地低頭走開，整個人像被澆了一盆冷水。

站在一旁的爸爸沉默片刻，接著對媽媽說：「妳還記得妳小時候爬樹摔下來縫了三針，現在還不是記憶猶新？那件事不是讓妳更懂得小心嗎？不如我們陪她一起過去，引導她怎麼走，不是比阻止她更好？」

在爸爸的陪伴下，凱凱一邊學著平衡自己，一邊小心踩著石頭，成功抵達對岸。她開心地回頭大喊：「我成功了耶！」那一刻，凱凱不只是過了一條溪，更跨越了心裡的害怕，為自己的勇氣累積了信心。

孩子的成長，離不開實際行動的嘗試，而許多能力正是在這些「有點冒險」的挑戰中悄悄養成。父母如果總是因為「怕受傷」、「怕出錯」而過度保護，其實剝奪的是孩子探索世界的機會，也讓他錯失了面對未知與失敗的練習。

讓孩子冒點風險，也是培養膽識的關鍵

國小四年級的小奕，一直對單槓很感興趣，但總是害怕倒吊起來。某天學校運動會前夕，老師鼓勵他參加吊單槓挑戰，小奕心動卻又猶豫。當他把這件事告訴爸爸時，原以為會被潑冷水，沒想到爸爸卻說：「那就試試看啊！會害怕沒關係，你可以從最低的開始練，我陪你一起練習。」

於是父子倆從社區公園開始，每天練習，爸爸在一旁扶著，慢慢讓小奕習慣倒掛的感覺。一週後，小奕竟能自己完成三秒的倒吊，他驚訝地發現，原來自己比想像中更勇敢。最後在運動會上，他成功挑戰自己，成為全班第一個完成吊單槓的學生，還贏得了老師的掌聲。

冒險，不一定指極限運動，而是孩子願意突破自己心理的「不可能」。這些看似微不足道的小舉動，其實是勇氣的起點。父母給予適當的鼓勵與陪伴，而不是一味阻止與責罵，才能幫助孩子養成堅定果敢的性格。

勇氣，是從「可以犯錯」的空間長出來的

成長的路上，孩子難免會跌倒、會犯錯，但這些經驗正是通往成熟的養分。如果每一次孩子嘗試新事物，都被父母

用「這樣不行」、「會出問題」的語言澆熄，那他怎麼可能學會自信與判斷？

家長若希望孩子成為面對困難不退縮、遇到挑戰願意迎戰的人，就不能只要求孩子乖、聽話、照指令行事，而是要讓他學會判斷風險、承擔後果。過程中不妨鼓勵他參加露營、攀岩、溯溪、甚至報名學校的演講比賽、街頭才藝活動等，這些都不只是技術的鍛鍊，更是意志力與膽量的磨練。

當孩子完成了一次看似困難的挑戰後，他內心的成就感將遠超過父母給予的任何禮物。而這樣的體驗，一旦建立起來，就會成為孩子未來面對挫折的資本。

適度冒險，是邁向自信的必經之路

孩子不是溫室裡的花朵，他們需要風雨的洗禮，才能長成參天大樹。允許孩子冒一點「險」，其實是在教他如何評估風險、面對挑戰、處理挫敗，也是培養獨立、自主、勇敢的根本途徑。過度的保護只會讓孩子對未來充滿不安，而有勇氣去嘗試的孩子，將擁有更多的人生可能。

與其替孩子鋪好每條路，不如在他跌倒時陪他站起來；與其責備他的莽撞，不如欣賞他的勇敢。這份來自家庭的信任與支持，將成為他一生最大的後盾。

引導孩子勇敢面對壓力時刻

在人生成長的旅途中，緊張與怯場幾乎是每個孩子都會經歷的情緒關卡。不論是站上臺前表演、面對考試壓力，或是與陌生人互動時，那種心跳加速、話語卡住的瞬間，對孩子而言既陌生又難以應付。如果這時家長過度反應，或用責備的態度回應，反而會加重孩子的心理壓力，讓他們更難自在面對未來的挑戰。

在學校的才藝展示日上，小恩要彈奏一首難度頗高的鋼琴曲。平時在家他彈得熟練流暢，甚至還能加點自己的變奏。不料真正輪到他上臺時，面對教室裡近百名同學與家長的注視，小恩整個人僵在琴前，遲遲不敢將手放上琴鍵。老師溫柔地提醒，他低頭咬著嘴唇，但還是搖了搖頭，最後默默走下臺，眼眶紅紅的。

放學後，媽媽並沒有當面責怪他，反而在車上輕聲說：「今天站到臺前就已經很勇敢了，第一次總是比較緊張，媽媽很替你驕傲。」小恩聽完後不發一語，但那晚，他主動練了兩遍曲子，然後跟媽媽說：「下次我想再試一次。」

這樣的對話，讓孩子知道自己不是被定義為「失敗的人」，而是一個「願意再挑戰自己」的人。家長的回應方式，正是孩子建立勇氣的關鍵養分。

創造機會，讓孩子獲得自信的成就感

幫助孩子克服怯場，不只是鼓勵他們站上臺，更是從日常中逐步建立他們的自信與心理彈性。經常給孩子「小舞臺」的機會，遠比期待他們在正式場合一鳴驚人來得更有效。

芮芮很怕在人前說話，甚至連在家人面前講話都會小聲得幾乎聽不見。爸爸媽媽從不強迫她參加大場合，而是在每次家庭聚餐後邀請芮芮當「主持人」，請她幫忙介紹甜點或分派飲料。一次次下來，她開始願意主動說出幾句話，甚至會逗親戚笑。

有次學校舉辦閱讀分享會，芮芮居然舉手報名了。雖然上臺時她仍緊張到手在發抖，但她把故事完整說完後，臉上出現了前所未有的神采。下臺後，她小聲對爸爸說：「我真的做到了耶。」

這樣的自信並非來自天生，而是透過許多「從容展現」的經驗一點一滴累積而成。家長給予溫暖的支持、降低對完美表現的期待，孩子才能從每次的參與中找到進步的動力。

真正的勇氣，是失敗後仍願再站上臺

每個孩子的步調不同，但都渴望被理解與鼓勵。當他們在壓力下退縮時，家長不該急著責罵，而是靜靜陪伴，引導他們正視自己的情緒，讓怯場不再是挫折，而是下一次成功的起點。只要你相信孩子的潛力，給他們犯錯的空間，他們終將學會在眾人面前抬頭挺胸，用穩健的步伐走出自己的舞臺。

培養責任心，成就勇敢性格

責任不僅是對他人交代的態度，更是自我成長的重要基石。一個有責任感的孩子，在面對困難或挑戰時，不會輕言放棄，而是能夠扛下壓力、勇敢面對。可惜現代許多家庭過於重視孩子的成績與表現，卻忽略了內在品格的養成，尤其是責任感這項最基礎也最重要的素養。

小奕是一名小學生，平常在家中備受疼愛。媽媽每天早上幫他準備書包，放學後還要幫他收拾校服，連作業也常由媽媽提醒或陪寫。學校的打掃值日輪到他時，他總是找理由閃躲，老師提醒也只是裝作聽不見。一次校園義賣活動，班上同學被分配負責各項工作，唯獨小奕不是推說不會，就是表現得敷衍。當天攤位出狀況，他非但沒有協助解決，反而第一個離開現場。這樣的態度不僅讓老師頭痛，同學之間對他的觀感也越來越差。

孩子不是天生就不負責，而是在環境中逐漸養成逃避的習慣。若家長凡事包辦、遇事遮掩，孩子從小就不會明白行為背後需要承擔的後果。培養責任感，正是引導孩子從自我中心，轉向理解自己對家庭、團體與社會的影響，是一條通往勇敢的必經之路。

從生活中建立責任意識

一位媽媽曾分享自己與女兒之間的經驗。國小三年級的庭庭負責幫忙每天餵魚，原本她做得興致勃勃，但漸漸地開始懶散，幾天不餵也毫不在意。直到有一天，一條小金魚死了，媽媽並未責備，只是讓庭庭自己面對魚缸空蕩的那一角。

「媽媽，牠是不是因為我沒餵食才死掉的？」庭庭聲音顫抖。

媽媽點點頭說：「這是妳的任務，做不好也要承擔，這就是責任。」

從那之後，庭庭每天準時餵魚，甚至會記錄每條魚的狀態。這不是因為她忽然變得成熟，而是透過一次失敗，她學會了為自己的行為負責，也開始了解負責任是一種需要勇氣的選擇。

讓孩子參與家庭工作，是培養責任感的最好機會。從整理自己的書桌、準備第二天的上學用品，到幫忙照顧寵物或分擔簡單的家務，這些看似平凡的任務，都能讓孩子學會思考：這是我該做的，不能推給別人。

當孩子犯錯時，也不應急著幫他擦屁股，而要讓他面對後果。譬如打破鄰居家的盆栽，家長不該立刻出面道歉賠償，而應該牽著孩子的手，一起登門致歉，讓孩子用行動彌補自己的錯誤。這樣的過程雖然不容易，但卻能在孩子心中埋下勇敢的種子。

責任，是孩子真正長大的起點

責任不是壓力的代名詞，而是孩子邁向成熟的重要階梯。一個勇敢的孩子，不是從不害怕，而是懂得在害怕之中仍願意扛下該扛的責任。父母要做的，不是一味地替孩子打點一切，而是放手讓孩子跌倒，讓他明白：面對錯誤不逃避、堅持完成承諾、勇於承擔後果，才是真正的勇敢。

當孩子願意為自己的選擇負責時，他不只是變得堅強，更具備了面對世界的勇氣。而這樣的孩子，無論未來走上什麼樣的道路，終究會成為能夠信賴、值得託付的人。

怯懦不改，才華難展

有些孩子天生內向，面對人群就心慌、手足無措。在學校裡，他們不敢舉手發言，即使知道答案也默默不語；回到家裡，有親戚來訪，總是躲在媽媽背後，不敢出聲；甚至在公園看到其他孩子玩耍，也只是遠遠地看著，不敢靠近，更遑論加入。這種膽小怯懦的性格若未及時引導，將成為孩子人生道路上的絆腳石。

怯懦不是錯，但如果任其滋長，孩子將錯失許多嘗試與學習的機會，即便具備豐富知識和潛能，也可能因缺乏勇氣而錯失良機。因此，家長與其一味呵護，不如教會孩子戰勝怯懦的方法，讓他們一步步突破心理障礙。

從實際練習中培養膽量

小芸今年剛升上小學一年級，個性安靜、內向，不擅與人交談。某次學校舉辦演講活動，老師鼓勵每位孩子上臺分享，小芸雖然在家練習多次，但輪到她上場時，卻當場嚇哭，怎麼樣也不肯張嘴。當媽媽把她帶回家時，她既難過又自責。

這讓媽媽意識到，小芸並不是沒準備，而是無法控制當時的緊張情緒。於是她開始帶小芸參加讀書會、朗讀活動，甚至在家庭聚會時讓她簡單講講一週發生的趣事。每次表現後，不論成效如何，媽媽都會說：「你比上次又更進步囉！」慢慢地，小芸在班上也願意主動回答老師問題，後來更勇敢地報名第二學期的朗讀比賽。

這個改變不是一蹴可幾，而是來自一步步的心理訓練與行動上的堅持。孩子怯場不可怕，怕的是從此封閉自我、不再嘗試。正確的引導方式，就是陪伴孩子去面對，並逐步戰勝它。

幫助孩子建立社交勇氣

對抗怯懦，不能只靠一句「加油」或「勇敢點」，更需要實際的策略。家長可以教孩子一些具體方法，例如遇到讓自己感到緊張的人或場合時，默念「我可以做到」、「每個人都會緊張，這很正常」等語句，這種自我暗示有助於提升勇氣。此外，訓練孩子說話時注視對方的鼻梁，而非眼睛，也能降低壓力卻給人「有自信」的印象。

當孩子面對陌生人、老師或新環境時，可以事先和他們列出幾個開場話題，如「你喜歡看什麼卡通？」、「你家有養寵物嗎？」等，讓他們知道主動談話其實沒那麼困難。

此外，鼓勵孩子與比自己強或年長的對象交流，也是一種學習。這樣不只拓展了社交圈，孩子也會潛移默化中學會觀察別人的應對方式，從而提升自信。

若孩子因過去的挫折變得退縮，家長更需帶著他們用新的經驗重建信任。例如帶孩子參加繪畫班、戲劇團體，這些活動能讓孩子在團體中找回自我價值，也幫助他們意識到「被看見」其實並不可怕。

信心來自每一次的突破

戰勝怯懦最核心的關鍵在於建立信心。家長應該引導孩子從簡單的任務開始，並在完成後給予肯定。當孩子在小小的挑戰中一次次獲得正面回饋，自信就會悄悄在心中生根。

孩子也需要知道，面對挫折並不是失敗的證明，而是過程的一部分。例如孩子第一次主動邀請朋友玩被拒絕了，不必責備他「你就是不會交朋友」，而是可以說：「你今天很棒，主動踏出第一步了，下次也許會更順利。」

此外，家長也要教導孩子了解自己情緒，當他們感到不安、害怕時，不用隱藏，可以跟爸爸媽媽說。這樣的情緒抒發有助於釐清內心真實的擔憂，也讓家長更能協助孩子找出問題根源。

別忘了，孩子總會模仿身邊的榜樣。如果父母面對壓力時總是鎮定、有條理地處理，即使結果不如預期也不氣餒，那麼孩子也會在這種耳濡目染中學會勇敢。

走出怯懦，孩子將走向更大的世界

怯懦不是一種錯，而是一種等待被理解與超越的情緒狀態。家長若能用耐心與正確的方法引導孩子，不僅能讓他們克服心理障礙，更能讓他們從中獲得堅定的信念與勇氣。

給孩子勇氣的第一步，不是逼他們上臺或責備他們膽小，而是讓他們知道：「你可以慢慢來，但不要永遠停在原地。」當孩子逐步跨出心裡的那道門，他們會發現，原來世界比想像中寬廣得多，自己也遠比想像中更強大。

第七章

讓經歷打磨性格，讓孩子走出脆弱

身為父母，若希望孩子未來能夠突破障礙、不被膽怯綁住手腳，就應從小引導孩子鍛鍊內心的強度。透過生活中的小挑戰，一點一滴培養孩子面對壓力與未知的勇氣，幫助他們學會接受風險、承擔後果，並從失敗中汲取成長的養分。

唯有經過一次次的試驗，孩子才能在錯誤中變得成熟，在跌倒中學會站起來，最終擁有那份足以面對人生風浪的堅強與信念。勇敢，不是與生俱來，而是由一次次不退縮的選擇累積而成的生命力量。

用經歷塑造孩子的勇氣

不少孩子在日常生活中表現出膽小、畏縮、不敢嘗試，常常讓家長感到擔憂。其實，這樣的性格往往並不是天生的，而是來自於成長過程中缺乏鍛鍊與實際經驗的累積。尤其在現代家庭中，父母常常過度保護孩子，替孩子代勞所有事情，使孩子失去了自己學習面對挑戰與失敗的機會。正是這樣的環境，削弱了他們建立自信與勇氣的基礎。

像承承原本是個什麼都不敢嘗試的小男孩。從小到大，他被家人形容成「軟趴趴」、「怕東怕西」，連走在樓梯邊都要牽著大人的手才敢踏一步。承承的媽媽總覺得：「只要他平安、不要受傷就好。」因此不曾讓他接觸球類運動、不敢讓他跑跳，連溜滑梯也要「媽媽一起滑」。

直到有一天，學校舉辦戶外探索活動，安排孩子們挑戰「獨木橋步道」。老師問：「誰想嘗試走一次看看？」大家都舉手，只有承承低頭不語。老師並沒有強迫他，而是微笑著說：「沒關係，你現在不想走，那就在旁邊幫大家加油就好。」

看著同學一個個成功走過，承承眼神有些動搖。老師看見機會來了，走過去輕聲問：「要不要我牽著你走第一步？」

他猶豫了一下，點了點頭。就這樣，他踏出了第一步。老師一鬆手，他居然自己走完了剩下的橋段。到終點時，全班拍手鼓掌，而他也笑得像陽光一樣燦爛。

回程路上，承承主動和老師說：「原來，我也可以做到。」那天以後，他不再總是推開活動邀請，而是開始願意試一試。他不是忽然變得無所畏懼，而是開始相信：「我可以慢慢學會不怕。」

家長若想孩子變得勇敢，就要願意放手，讓孩子經歷生活中的大小事件。從日常裡的自主行動開始，無論是自己去便利商店買東西，或是與鄰居打招呼、借東西，都是訓練膽量的好機會。孩子不是在保護下變勇敢，而是在經歷中逐漸養成面對的勇氣。

創造挑戰與經驗的環境

對於不敢獨自進房、怕黑的孩子，父母可以採取循序漸進的方式引導他們。例如，一開始陪著孩子一起進入黑暗的空間，讓他們熟悉黑暗中的環境，之後再讓孩子自己試著進去、摸索，藉此逐漸建立起面對黑暗的安全感與信心。

還有些孩子害怕昆蟲或其他小動物，這時家長可以用遊戲的方式引導他們。像是跟孩子一起觀察小蟲，講解牠們的習性，甚至讓孩子親手觸摸那些其實無害的生物。透過這樣的互動，孩子會發現原本以為「可怕」的東西，並沒有那麼恐怖。

同時，也可以透過角色扮演的方式讓孩子模擬戰勝恐懼的場景。例如，讓孩子扮演勇敢的孫悟空、獵人或超人，去「對抗妖怪」或「解救被困的小動物」，透過扮演過程中建立心理上的成功經驗，潛移默化地將恐懼轉化為勇氣。

培養勇敢，需要一點一滴的實踐。家長不妨讓孩子做些自己力所能及的事情，例如倒垃圾、自己整理書包、幫忙照顧弟妹等，這些看似簡單的小事，卻能慢慢累積他們面對生活的信心與勇氣。

引導孩子走出保護傘

許多家長習慣為孩子規劃一切，深怕他們跌倒、失敗，但這樣反而讓孩子在遇到真正的挑戰時手足無措。只有讓孩子走出父母的保護傘，親自去探索、面對、解決，才有可能培養出真正的勇氣。就如同讓孩子走進自然，去爬山涉水、摸泥巴、追蝴蝶，從與自然的接觸中發現新鮮事物，挑戰心理界限，他們的心靈也會變得更加堅韌。

重要的是，家長在陪伴孩子體驗過程時，要有耐心，也要懂得肯定與讚賞孩子的每一點進步。每次的嘗試，不論成敗，只要孩子敢跨出那一步，就是值得鼓勵的行動。這些正向的回饋，會在孩子心中慢慢累積出「我可以做到」的信念。

給孩子累積成為勇者的經歷

要讓孩子勇敢，靠的不只是言語上的鼓勵，更要創造讓他們實際經歷、挑戰與突破的機會。透過一次次親身的體驗，孩子會從中了解自己、理解恐懼、學會面對與克服。與其讓孩子永遠活在舒適圈裡，不如早點引導他們走向廣闊的世界。孩子的膽量不是天生的，而是靠一次次的挑戰、一次次的成功或失敗淬鍊出來的。讓孩子勇敢，不在於給他什麼，而在於給他機會去嘗試，去成長。真正的勇氣，來自生活本身。

經歷比教導更能塑造勇敢

有時，父母會為孩子的膽小感到著急，擔心他不夠果斷、面對壓力會退縮。但其實，孩子之所以缺乏勇氣，並不是因為他天生怯懦，而是因為他缺乏親身經歷的機會。在成長過程中，若每一件事都被父母包辦，孩子自然無法從挫折中鍛鍊出堅毅的性格與自信。

八歲的亞恩，總是躲在媽媽身後，遇到陌生人便退縮，看到狗會驚聲尖叫。媽媽坦言：「從小我就不讓他碰動物，也不敢讓他自己一個人去便利商店，怕他走丟、怕他摔倒。」直到有一天，學校舉辦戶外農場體驗營，亞恩第一次離開家，和同學一起參加活動。

活動中，他一開始什麼都不敢碰，看見雞就躲、踩到泥巴便哭。但老師沒有責備，只是說：「你今天已經走得比昨天遠，這就很棒了。」經過一天的觀察與引導，他終於敢蹲下摸摸羊、甚至餵了飼料給鴨子。回家後，他興奮地向媽媽描述那隻「會吃他手上麵包」的鴨子，媽媽感動得差點落淚，原來膽小的亞恩，也能勇敢。

從那天開始，亞恩的行為開始轉變，遇到挑戰也不再只會喊「媽媽幫我」，而是學著自己先想辦法。這場活動對他而言，不只是戶外體驗，而是一次面對未知、走出安全圈的重大嘗試。

父母的放手，才是孩子膽量的開端

另一個孩子，九歲的彥哲，則是個對失敗極度敏感的孩子。只要考試出現紅字，就會把試卷藏起來，甚至哭著說自己「沒救了」。彥哲的爸爸起初總習慣安慰他：「沒事啦，不用在意這一次，下次再努力就好。」但這樣的安慰反而讓孩子更抗拒失敗，甚至拒絕參加任何比賽活動。

有次，學校舉辦故事演講比賽，彥哲躲進廁所不肯報名。導師私下和爸爸溝通後，兩人換了策略。他們決定讓彥哲自己決定是否參加，但提出：「就當一次練習，不用得獎，只要站上臺說一段話就好。」同時爸爸還說：「我第一次簡報也講得亂七八糟，但我告訴自己，只要願意站上臺，就是贏一半。」

彥哲最終願意報名。他沒得名，但成功講完自己的故事。老師走下臺給他一個擁抱，同學也為他鼓掌，那一刻，他臉上的笑容，比獎狀還亮眼。從那次開始，他再也不怕公開說話，甚至還主動參加班上的司儀。

勇氣不是說出來的，是做出來的。父母不該永遠當孩子的擋風牆，而該在背後默默支持，讓孩子親自去面對、去跌倒、去學會站起來。

孩子的堅強，是讓他走一遭才會長出來

孩子的膽量不會從書本裡冒出來，而是從一次次的親身經歷中累積起來的。父母與其提供滿滿的安全防護，不如提供適度的挑戰與信任。讓他自己摸索、嘗試、甚至失敗，孩子會在過程中，慢慢發現自己其實比想像中更勇敢。

當孩子走出第一步，父母要記得給予鼓勵與肯定；當孩子失敗時，也請不要急著責備，而是提醒他：「你已經比昨天更進步了。」只要父母願意放手，孩子就會在生活裡，一點一滴走出膽量，走向獨立與堅強。

失敗是成長的跳板，不是結局

每位父母都渴望孩子在各個領域都有傑出表現，盡可能避免受挫。然而，人生從不保證一路順利，失敗就像是成長路上的檢查點，一次次提醒孩子，唯有經歷挫敗，才能真正學會堅強。孩子不是因為沒跌倒而優秀，而是因為每次跌倒後，都懂得怎麼站起來。

就像在某次自然科學競賽中，一位名叫品硯的國小六年級學生投入數週製作實驗模型，最終卻因為計算環節的疏失導致結果無效，作品也沒入圍。他當天失望到哭了，甚至向導師說出再也不參加比賽的念頭。導師沒急著勸他振作，而是邀他一同到學校頂樓看星星，對他說：「星星不是一直發亮，是因為它經歷黑暗，所以才那麼清楚。」那晚過後，品硯重新投入實驗設計，最後不僅完成一項更完整的作品，還主動在學校小型展覽中與學弟妹分享自己的失敗過程，成為大家眼中「很會轉念」的榜樣。

比起告訴孩子「別怕失敗」，更實際的，是讓他們親身經歷，然後懂得如何從錯誤中學習與修正。這種勇氣，不是語言能灌輸的，而是行動中養成的。

孩子需要挫折來練心，也需要家長來陪走

許多孩子在面對考試失利、表現不如預期時，會陷入「我不行」的否定循環中。家長若此時只是一味指責或貶抑，只會加重孩子的心理壓力，甚至讓孩子認為「失敗就代表我沒價值」，進而抗拒挑戰與學習。

有位名叫芷涵的國中女生，在一次社團才藝發表中因為彈奏出了錯，中斷了整場表演。她滿臉通紅、淚眼汪汪，在臺下不斷向老師道歉。媽媽得知後，隔天一早遞上一張卡片，上面只寫了一句話：「每位演奏者，都有曾經失調的時刻，勇敢站上去的妳，比完美更令人敬佩。」

這段話成了芷涵心中的定心丸，她開始主動加緊練習，並在下一場活動中以穩定又深情的演奏擄獲聽眾掌聲。從那之後，她對「失敗」不再恐懼，甚至常說：「有時沒表現好，才知道自己可以更好。」

孩子的自信與抗壓力並非與生俱來，而是在一次次失落中被鼓勵起來的。家長的反應，決定了孩子面對失敗的態度，也形塑了孩子是否敢於再次嘗試的勇氣。

如何協助孩子從失敗中站起來？

家長可從以下幾個方向進行引導與支持：

首先，用平常心對待孩子的失敗。別急著否定或指責，也不需過度包容，而是要讓孩子知道「輸贏是過程，不是結果」，並帶著孩子一起分析問題，而非責備。

其次，教孩子自我整理情緒。有些孩子會把失敗過度放大，陷入羞恥或自責。家長可以陪伴他們發洩情緒後，引導他們說出自己的想法與感受，讓他們學會抒發情緒。

第三，給孩子空間做選擇與承擔。家長可以讓孩子選擇自己的方式重新面對困難，這份選擇權本身就是成長的助力。即使孩子選擇了再次失敗，那也是他自己的人生實驗。

再來，陪孩子尋找失敗背後的價值。每一次失敗，背後都有一個沒被看見的學習點。幫孩子抓出這些關鍵，會讓他們知道「我不是沒用，而是還沒完成」。

最後，家長要成為「跌倒也會笑」的大人。父母本身也應該在生活中示範如何面對困境與錯誤，讓孩子看見，大人也有犯錯的時候，但選擇了從容與勇敢。這份以身作則，是孩子最真實的榜樣。

孩子若學會失敗，就準備好成功了

失敗本來就是人生的一部分，沒有人可以永遠一路順風。真正值得讚許的孩子，不是永不犯錯的那種，而是知道自己會跌倒、也願意再次爬起來的那一種。這樣的孩子，才有足夠的心智與心理韌性，去面對未來更大的舞臺與挑戰。

所以，讓我們一起當那個能握著孩子的手，陪他在風雨中走一段、等他跌倒時給他一點信念的家長。因為，有你溫柔但堅定的陪伴，孩子才能真正勇敢。

在風中長大的孩子，才有承受風雨的力量

有一位山農，每年播種玉米時從不擔心天氣會不會太惡劣。他常說：「農作物若只受陽光照拂，根系會淺、莖幹會軟，反倒遇上幾場雷雨，才能深扎土裡，結出穩實的穗。」相對地，他的鄰居總是細心保護作物，搭棚防風、設網遮陽，卻常抱怨收成不如預期。

其實孩子也如同這些作物。太多家長為了怕孩子吃苦、怕他們被打擊，把人生中可能遭遇的風雨全都擋下，讓孩子活在一個「被預設無難題」的空間裡。結果，當孩子稍微遇上一點困難，便會慌張、逃避，甚至因此喪失信心與行動力。

壓力，可能是力量的來源

一名野外研究者在南美亞馬遜雨林發現一種奇特的藤蔓植物。這種藤蔓幼時如果長在林蔭稀薄的地方，幾乎無法長高，枝條細弱，常被風吹斷；但若它在枝葉密布、光線微弱、競爭激烈的地方成長，為了爭奪陽光，它會用盡全力攀

附樹幹，最終能長得粗壯又挺拔。

後來，科學家在實驗室模擬相同情境，結果證明：越是在高壓生長的藤蔓，內部結構越堅韌，抗折力越強。

這些來自自然界的現象告訴我們，孩子若從未被挑戰過，抗壓性與自我復原力就無從養成；相反的，在可控的壓力下長大的孩子，反而能建立起強大的內在機制，迎向未來的不確定。

孩子需要的，是「練習挫折」

如今，許多孩子之所以一受打擊就崩潰，是因為從小缺乏應對失敗的經驗。像小哲是個成績一向名列前茅的孩子，一次作文比賽他未能得獎，情緒崩潰、甚至說出「我根本不會寫作文」這樣極端的話。家長才驚訝地發現，原來孩子過去從沒面對過任何「不被肯定」的結果。

後來，他的母親開始讓他參加各種非競賽性社團，如攝影、木工等，在過程中，小哲多次失敗，作品破裂、照片模糊，但他也學會去接受、修正與再嘗試。兩年後，他參加全校攝影展，不僅榮獲優選，也在臺上自信地說：「有時候失敗的那一刻，才是我進步的開始。」

這個轉變，就是來自「挫折教育」。

挫折教育的實質價值

挫折並不是摧毀孩子的暴風，而是一場生命必經的測試，只要我們正確引導，它反而會帶來以下養分：

一、養成自信的氣場

孩子若在跌倒中學會站起來，就會理解「原來我可以」，這股親身體驗而來的信心，比千言萬語更具說服力。每次克服小困難，都是自信的加分點。

二、打造堅定的意志

從錯誤中學習的孩子，往往更堅韌。他們懂得等待、忍耐、重來，這些過程正是意志的鍛鍊，不是靠鼓勵話語就能塑造，而是一次次碰撞中累積起來的能力。

三、提高心理耐受度

面對輸贏與挫折時，有些孩子會崩潰、有些則從容。差異往往來自過往經驗的差異。當孩子越習慣面對「不如意」，越能在面對壓力時保持穩定。

四、建立現實感與同理心

當孩子了解「人生並不總是如意」，也會學會尊重他人努力、懂得欣賞別人成功。這會讓他們變得更成熟、更具有社交韌性。

用對方式，給孩子適量的挑戰

挫折教育並不等於強迫孩子吃苦，而是讓他們在可承受範圍內去經歷挑戰：

1. 家長可讓孩子參與需要耐心的活動，如攀岩、棋藝、實驗操作等。
2. 當孩子遇到問題時，不急著介入解決，而是多問：「你想怎麼做？」。
3. 適時讓孩子從錯誤中學習，並協助他檢討，但不指責其人格。
4. 分享自身挫折經驗，讓孩子知道失敗是人生一部分，每個人都會經歷。
5. 建立「努力過就是成功」的觀念，減少對成績的過度執著。

讓孩子在風雨中成長，而非溫室裡長高

當我們願意放下保護傘，讓孩子面對一點小風雨時，我們不是冷漠，而是真正愛他。未來的世界不會為他鋪好平坦的道路，但我們能在他年幼時給他練習跌倒與站起的機會。唯有如此，他才會長出真正的翅膀，飛越人生的高牆。

意志成為孩子成長的基石

在孩子的成長旅程中，勇氣與智慧固然重要，但真正能讓他們在挫折面前不倒的，是那股源自內心深處的意志力。所謂意志，並非只是簡單的堅持，而是指一個人在面對挑戰與困難時，能夠控制衝動、克服惰性，並持續朝目標邁進的心理韌性。比起智商或天賦，意志更能決定一個孩子是否能走得長遠、挺過風雨。

一個意志力強的孩子，即使遇到艱辛也會選擇面對，不輕言放棄；相對地，那些從小未曾經歷挑戰的孩子，往往一遇到困難便想逃避，缺乏堅持到底的毅力。在現今資源充裕的社會裡，父母若只顧著提供保護與方便，卻忽略了孩子內在韌性的培養，將讓孩子在未來的風雨中難以立足。

從生活中培養毅力的實踐方法

讓孩子養成意志力，並不是靠說教就能做到，而是要從日常點滴中循序漸進地鍛鍊。比方說，讓孩子學會從頭到尾完成一件小事，例如整理書包、清洗餐具或是安靜閱讀一本故事書。不要一開始就幫忙插手，讓孩子明白堅持不是天生的本能，而是需要刻意訓練與習慣養成。

當孩子在學習過程中遇到困難時，家長的態度尤其關鍵。不要立刻伸出援手，也不要急著責備，而應引導他思考：「你覺得還有什麼方法可以解決？」、「要不要再嘗試一次看看？」這樣的引導方式不但不壓迫孩子，反而幫助他找出自主解決問題的勇氣與策略。

隨著年齡增長，父母可以引導孩子設立有挑戰性、但仍在能力範圍內的目標。例如完成一本進階書籍、參與體育競賽，或負責一次家庭任務。這些都是鍛鍊孩子耐心與堅持的機會。

此外，若孩子的個性較為敏感、容易放棄，更應在鼓勵中加入具體行動的陪伴。例如「我陪你一起練習五分鐘，接下來你就可以自己完成了」，讓孩子在信任中嘗試，累積完成的成就感。

讓孩子在現實中學會堅持

真正的意志力並非口號，而是來自一次次的行動與堅持。例如，宥軒非常喜歡畫畫，但在美術班比賽中落選後，他便開始懷疑自己、甚至想放棄。爸爸並未急著安慰，而是帶他去看一場畫展，然後問他：「你覺得這些畫家畫得好嗎？

你知道他們也曾被拒絕過多少次嗎？」那一夜，小宥軒默默地回房，隔天卻主動提筆作畫。半年後，他重新參賽，並獲得鼓勵獎。

從這個例子可以看出，孩子的意志力是可以培養的，只要家長肯花時間、肯陪伴。讓孩子明白：即使跌倒了，也要爬起來再走一步。失敗不是終點，只是鍛鍊堅持的起點。

在這過程中，家長也該以身作則。當你自己在工作中遇到難關時，不妨讓孩子看見你努力不懈的樣子，甚至分享自己的困境與解方，讓他知道，大人也會遇到挑戰，但大人不放棄。

堅韌，是孩子一生的禮物

最終，孩子的意志力來自於一點一滴的累積，並不是一朝一夕能達成的。父母該做的，不是為他鋪好每一步，而是在他想要停下時拉他一把，想要放棄時陪他一程。

孩子不需要在每次挑戰中都成功，但需要在每次嘗試後都能撐住自己。從學會等待、學會耐煩、學會不退縮，到最終能夠堅持一條困難的路。這樣的孩子，即使未來風大雨大，他也不會輕易被擊倒。

從一次又一次的跌倒中站起來

在一場午後大雨過後，小傑和爸爸準備出門練習騎腳踏車。雖然地面仍殘留些許積水，但他堅持要練習，因為他想參加學校的單車耐力賽。這已經是他第三次跌倒了，膝蓋又紅又腫。小傑眼中泛著淚光，看著腳踏車沉默許久，終於說出：「我不想再試了，我一定學不會。」

爸爸沒有立刻鼓勵他，只是靜靜地坐在旁邊等。過了幾分鐘，小傑自己又把車扶起來，對爸爸說：「我再試一次，如果又摔，我就放棄。」這一次，他一邊顫抖一邊踩踏，奇蹟地騎出了十公尺。他開心地大叫：「我成功了！」即使接下來又摔了幾次，但那次成功的經驗，成為他後來努力的基礎。

很多時候，孩子並不是不能成功，而是因為缺乏那一份堅持到最後的勇氣。放棄，往往只是因為他們太早懷疑自己。

讓堅持在生活中落地生根

家長要讓孩子了解，堅持不是天生的，而是一種可以培養的習慣。從簡單的任務開始，例如整理書桌、每天朗讀一小段文章、按時完成課後閱讀，只要能持續完成，孩子的信心就會一點一滴累積。

對一些年紀較小、好動或易分心的孩子，可以嘗試「時間限定練習法」：例如請孩子靜下來畫畫三分鐘，讀書五分鐘。短時間的任務目標，能幫助孩子克服一開始的排斥與焦躁。當他們能穩定地完成，就可以逐步增加時間與挑戰的難度。

同時，也可以透過家庭遊戲來鍛鍊堅持。例如，全家一起進行拼圖、積木建構或定期的小型運動挑戰，透過過程中的耐心與合作，幫助孩子感受到堅持完成一件事的滿足感。

給孩子一個明確的目標與陪伴的力量

堅持並不是孤軍奮戰。家長可以和孩子一起設定一個可達成的小目標，例如一週練習彈琴四次，每次十五分鐘，或兩週內完成一本閱讀書。要讓孩子知道這不是一個人的任務，而是全家一起努力的方向。

同時，陪伴是最強大的支持。不是每一件事都需要家長主動幫忙，而是要讓孩子知道：即使跌倒，有人在身邊看著、等著他站起來。孩子不需要馬上成功，但他需要知道，他不是孤單的。

當孩子完成了他設定的小目標時，家長的稱讚也要具體而誠懇。例如：「你每天都有練琴，這很不容易」、「你雖然很想放棄，但你還是堅持到最後，真的很棒」。這樣的鼓勵，比起「你好棒」更能讓孩子了解自己的努力被看見。

勇敢，從不輕言放棄開始

勇敢不只是面對恐懼的力量，更是面對挫折時，願意再多走一步的決心。孩子的堅持力，是一點一滴磨練出來的，不是與生俱來，而是生活中的小事不斷累積。

家長的陪伴、態度與引導，是孩子學會堅持最好的力量來源。與其幫他排除每一次跌倒的可能，不如教他如何在跌倒後擦乾眼淚，繼續往前走。真正的勇敢，不是從不失敗，而是即使摔倒了，也願意再次出發。

教養重點	示範方式	在哪方面
設下可達成的小目標	一週練琴4次，每次15分鐘	孩子學會設定並堅持目標
短時間練習法	讀書5分鐘、畫圖3分鐘等短任務訓練	克服分心與抗拒，建立初步耐性
堅持的家庭遊戲	拼圖、積木、親子挑戰等需要堅持時間完成的任務	體會堅持與完成任務的成就感
具體化的鼓勵	「你每天都有完成，很不容易」、「你撐過想放棄的那一刻」	孩子明確知道自己的努力在哪方面被認可
陪伴不干涉	孩子跌倒時不急於介入，而是在旁守候支持	孩子學會自我嘗試，增加挫折忍耐力

第八章
責罵無法造就勇敢，只會破壞信心

長久以來，許多家庭在教育孩子時，認為只有嚴厲管教，孩子才會變得聽話、乖巧。然而，這種以責罵與體罰為主的方式，雖然可能短暫制止孩子的行為，卻難以讓他們真正理解是非對錯，反而會在心中種下恐懼與委屈的種子。

長期受到打罵的孩子，往往容易產生自卑感，變得膽小、不敢表達，也無法建立自信與安全感。他們學會的，不是自省與成長，而是壓抑與逃避。這樣的情緒，將成為孩子成長路上無形的包袱，甚至影響人際關係與情緒發展。

要真正幫助孩子健康成長，家長必須調整教育態度，學會以溫柔而堅定的方式與孩子溝通。當孩子感受到被尊重與理解，他們才會願意敞開心扉，認真面對自己的行為並學會承擔。用愛與耐心取代責備，才能喚醒孩子內心的力量，讓他們在溫暖中成長為堅強、自信的個體。

以教育代替過度責罰

孩子在成長過程中難免會犯錯，而每一次錯誤，其實都是一個學習的機會。適當的引導與提醒，能讓孩子反思與成長；但若以過度的責罰來處理，孩子可能不但無法從錯誤中學會負責，反而逐漸失去表達、探索與勇敢面對挑戰的能力。

曾有一位名叫恩恩的女孩，九歲，活潑好奇、天真可愛，但個性內向。某天下課後，她跟同學一起到文具店買筆，卻不小心弄壞了放在架上的玻璃筆筒。她嚇壞了，急忙打電話告訴媽媽。但話才說到一半，電話那頭就傳來媽媽高亢的斥責聲：「你到底什麼時候才會長腦袋？怎麼每次都給我添麻煩！」她的語氣裡充滿了指責與失望，彷彿這個疏失是無可原諒的大錯。

回到家後，恩恩還來不及解釋，媽媽就情緒激動地質問她為何這麼不小心，甚至罰她站在門口一個小時，不能吃晚餐。那天晚上，恩恩一聲不吭，眼神空洞地坐在地上，連平時最愛的圖畫本也沒翻開。

從那之後，她變得越來越沉默。原本在課堂上還會舉手發言的她，變得畏縮不敢開口。曾經熱愛畫畫、參加比賽的她，也因為擔心做不好會被罵，而主動退出美術社。即使只是朋友無意間提到「錯誤」這個詞，她都會顯得非常緊張。她的老師注意到這一點，試圖關心她，但恩恩總是低著頭說：「沒事，我不想麻煩大人。」

這不是一個孩子「學會規矩」的故事，而是一個孩子失去自信與勇氣的過程。

懲罰不是報復，是讓孩子理解錯誤

責罵的確可以讓孩子短暫「安靜」下來，但那只是表面的服從，並不代表孩子真正理解了自己的錯誤。更嚴重的是，一再的嚴厲責罰，可能讓孩子養成壓抑情緒、隱藏真實想法的習慣。當孩子習慣用沉默與逃避來應對錯誤，他的人格與情感發展就會受到壓抑。

相對地，如果家長能在孩子犯錯時給予理解與引導，效果將會截然不同。像是另一位家長，面對孩子不小心弄壞鄰居車子的後照鏡時，並沒有立刻責備，而是先帶孩子一起前往道歉並協助賠償，再回家慢慢聊起整件事情。她問孩子：「你自己覺得，這次有什麼地方可以做得更好？」孩子主動承認自己太急躁，並說以後會注意。這樣的互動，讓孩子感受到錯誤並不可怕，只要有勇氣面對，就有改正的機會。

教育從來都不該只是懲罰，更重要的是引導。特別是在孩子正學習摸索世界、建構價值觀的時期，他們更需要的是被理解與被信任。

當孩子做錯事時，不妨放下怒氣，問問自己：「這次，我是想讓孩子學會恐懼？還是讓他學會承擔？」一個能誠實面對錯誤的孩子，才能成為日後面對人生風浪時不退縮的大人。而這一切，往往從父母的一次理解與接納開始。

真正的教養，是讓孩子知道，即使跌倒了，家人依然會牽著他的手，陪他找到重新站起來的方法。不是責罵讓孩子成長，而是愛與信任成就他勇敢的靈魂。

讓錯誤成為孩子成長的階梯

每個孩子在成長過程中，都難免會有出錯的時候，無論是說謊、偷拿錢，或是違反約定。當孩子犯錯時，父母的第一反應往往是生氣與責罵，但真正有效的做法，應該是讓孩子從錯誤中學會反省與修正。適度且有原則的懲罰，能讓孩子體會到行為的後果，而不是只感受到情緒的壓力。

小恩有一天偷偷拿了爸爸皮夾裡的兩百元，和朋友出門玩耍。回家被媽媽發現後，他先是否認，最後才低頭承認了錯誤。媽媽當下沒有對他大吼大叫，而是冷靜地告訴他，這樣的行為不只是不誠實，也會破壞彼此之間的信任。於是，媽媽取消了原本週末要去動物園的行程，並暫停他三天內的電視與平板時間，作為懲罰。小恩非常失望，眼眶泛紅，但也沒有辯解。他主動寫了一張「保證卡」貼在書桌前，上面寫著：「以後不能再拿爸媽的錢，要誠實說出自己需要什麼。」一週後，媽媽再次主動安排戶外活動，並表達對他的肯定與期待。這樣的處理方式，不僅讓小恩記住錯誤，更讓他學會為行為負責。

懲罰的界線與策略，決定教育的深度

懲罰不應該是父母宣洩怒氣的工具，而是一種建立規則與界線的過程。要讓懲罰真正發揮作用，必須遵守幾個原則。首先，家長必須冷靜，不可在情緒最激動時做出決定；其次，懲罰要能讓孩子明白「為什麼」，而不是只說「你錯了」。比起大聲責罵，更有效的方式是讓孩子親自面對錯誤的後果，並思考如何改善。

此外，父母之間的態度也應一致，不能一方嚴格執行懲罰，另一方又暗中安撫、破壞規則，這樣只會讓孩子混淆對錯。懲罰完畢後，也要記得讓孩子知道「你不是被否定，而是因為我希望你成為更好的人」，這樣的後續關懷與肯定，才是懲罰真正有效的延伸。

適當的懲罰行為也不能太頻繁，否則容易讓孩子產生麻痺感。反而應該在重要的原則問題上，堅持原則、不輕易讓步。當孩子從一次處罰中學到珍貴的教訓，比多次空泛的責備還要有價值。

用愛與界線，引導孩子走向自律

當我們為孩子訂立清楚的行為邊界，並用適度懲罰去強化這些原則，孩子會慢慢學會「自律」與「負責」。真正有效的教育，是在錯誤中看到機會、在失敗中學會成長。孩子並不需要完美無缺，而是需要有人在他們迷路時，溫柔但堅定地牽著他們回到正軌。

所以，當孩子犯錯時，請記得：不是放任，也不是嚴苛，而是用理性與愛，為他劃出一條可以學習、可以反省，也能再次啟程的路。這，才是處罰真正的意義。

讓理解取代責罰的反射動作

在現代家庭中，打罵孩子的方式依然存在。有些父母一遇到孩子成績不如預期，或行為不符合期待時，就選擇怒氣上湧地懲罰，彷彿一頓打罵能換來孩子的進步。但事實真是如此嗎？孩子在學習與成長的歷程中，最需要的並不是嚴苛的制裁，而是有溫度的引導與理解。

曾有研究指出，在偏鄉或傳統社會中，多數兒童曾因成績不理想而挨打或被責罵，甚至有些孩子表示，最怕的不是課業難題，而是回家後的父母情緒。父母常說「恨鐵不成鋼」，卻未察覺，那口「鋼」正壓得孩子喘不過氣。當打人成為情緒的出口，而非教養的手段，孩子的內心也一點一滴被耗盡。

舉個例子，國中生阿睿曾因為一時貪玩去網咖，結果回家晚了。他擔心父親的怒火，竟然繞到河邊徘徊，不敢進門。最終，他還是回家，卻遭父親用掃把痛打，打得滿身是傷。他緊咬牙關，卻一字不提自己的行蹤，只因害怕再次受到傷害。當體罰不再讓孩子反省，而讓他們變得封閉、抗拒甚至說謊時，這樣的管教還有意義嗎？

暴力不會讓孩子更懂事，只會讓他們更遠離我們的心

孩子在犯錯時，其實最需要的是方向，而不是責難。打罵也許能讓孩子暫時停止某些行為，但留下的可能是長久的恐懼、退縮、甚至性格的扭曲。以阿哲為例，他小學成績一直名列前茅，某次國語考試考了 94 分，回家後不僅被責備，還被父親甩了一耳光。這個打擊讓原本開朗自信的他，變得沉默寡言，每逢考試前都緊張得整夜無眠。

長期處於打罵陰影中的孩子，會逐漸喪失自我價值感。有些孩子會因此變得過度順從、毫無主見；另一些則走向另一極端，變得叛逆、易怒、甚至對他人採取暴力手段。家長用拳頭教出來的孩子，最後只會學會用拳頭回應世界。有人說：「在愛中長大的孩子學會慈悲；在恐懼中長大的孩子只會學會報復。」

此外，頻繁的體罰也會影響孩子的認知與學習能力。有研究指出，長期受打的孩子，在智力測驗與語言發展方面普遍落後於其他同齡人。情緒不安、焦慮壓抑，會干擾他們吸收新知的效率。試問，當一個孩子整日擔心犯錯被打，哪還有心思專心學習？

教養是引導，而不是命令

每個孩子都有自己的節奏與特質，父母的角色不是以「我是為你好」的姿態強迫改變，而是用尊重與理解去陪伴與成長。孩子難免犯錯，犯錯正是學習的一部分。與其憤怒打罵，不如試著在錯誤中找出對話的機會。當孩子知道自己是被信任的，他們才會願意敞開心扉。

也許孩子今天做錯了事，你講道理他還不懂，但隨著時間，他總會記得：在他最脆弱時，父母沒有選擇傷害，而是選擇理解。這份記憶，將成為他未來面對世界時的力量。

打罵從來不是教育的捷徑，只是情緒的逃避。真正有力量的父母，懂得如何在孩子跌倒時，伸出的是手，不是巴掌。

傷人的話語，往往造成無法修復的傷痕

在許多家庭中，當孩子做錯事時，家長最直覺的反應不是冷靜溝通，而是情緒化的辱罵：「你怎麼這麼笨」、「你就是不長進」、「你讓我丟臉死了！」這些話語來得快、重，彷彿能迅速懲罰孩子，但留下的，卻是更深一層的心理創傷。

語言暴力對孩子的傷害，與肢體暴力一樣深遠。辱罵不僅會削弱孩子的自尊心與信心，還會讓孩子在無形中建立起負面自我形象。他會開始懷疑自己的價值，甚至產生「我就是個沒用的人」的錯誤認知。當孩子在一次次指責中逐漸麻木，他的內在也跟著封閉，變得不再願意表達，甚至對學習、交友都產生排斥與畏懼。

更令人遺憾的是，許多家長並不是出於惡意，而是因為「恨鐵不成鋼」、「我是為他好」，在失望中爆發情緒，卻沒意識到自己已經踩進了傷害孩子的陷阱。有的家長還誤以為這樣「說重一點」，孩子才會記得，卻忽略了孩子真正記住的，是父母的失控與羞辱感，而非自己的錯誤。

一位國小四年級的孩子，在一次考試中少寫了一題，結果分數比平常低了將近 10 分。他回家後，母親第一句話不是詢問狀況，而是怒罵：「你是不是故意的？你腦袋怎麼這麼差？丟不丟臉啊！」孩子當場低頭不語，晚餐也沒吃。幾天後，老師反映他變得沉默寡言，上課不再主動回答問題。這名母親後來說，其實她當時只是太擔心孩子退步，沒想到一句話讓孩子像變了一個人。

這樣的情形，在亞洲社會其實並不少見。尤其當家長壓力大、情緒疲憊時，常常把對孩子的期待轉化為苛責，忘記了孩子是需要理解與陪伴的對象，而非立即服從的命令執行者。

理解代替斥責，
對話才能建立孩子真正的改變

與其大聲責罵，不如冷靜溝通。真正有效的教養，不是讓孩子「怕你」，而是讓孩子「懂你」。孩子也有情緒、有想法，他需要的，是在犯錯時被引導、被理解，而不是被否定或羞辱。

當孩子做錯時，第一步不是問：「你怎麼可以這樣？」而是換個方式：「你覺得這樣做合適嗎？你希望別人這樣對你嗎？」讓孩子在沒有壓力的情況下思考自己行為的影響，比被罵一頓更容易促進自我反省與修正。

舉例來說，如果孩子因為吵架而推了同學一把，父母不需要立刻斥責「你怎麼變得這麼暴力」，而是應該說：「你當下一定很生氣，但我們可以用什麼方法表達不滿，而不是動手？」這樣的提問式語言，會讓孩子願意卸下心防，進一步學習面對情緒、改善行為。

此外，說理也要有技巧。不是長篇大論就有用，而是要掌握幾個原則：

1. 指出錯誤的行為，不否定整個人：說「你今天這樣說話讓人不舒服」，遠比「你怎麼這麼沒教養」來得有建設性。
2. 不在情緒最激烈時開口：大人都會有情緒，孩子當然也有。當雙方都處於情緒高峰時，所有道理都說不進去，說出口的話也常帶刺。
3. 不要拿過去的錯誤反覆翻出來：孩子容易感到無力與羞愧，久了會不想改變，因為他覺得「反正我怎樣都被罵」。
4. 不在眾人面前指責：在公開場合辱罵孩子，是最傷尊嚴的做法之一。孩子不僅會當場崩潰，也會長期記住這種羞辱感，從此對親子關係產生防備。
5. 還有一點常被忽略：請給孩子說話的空間與權利。很多家長在責罵孩子時，不容許孩子解釋，一開口就說：「不要狡辯！」但其實，孩子的「解釋」往往是為了讓你了解他的立場與原因。給孩子說話的機會，反而能讓你更清楚他的想法，也讓他感受到被尊重，進而更願意聽你的建議。

實際上，在很多家庭中，孩子的不良行為往往並非出於惡意，而是因為無知、模仿或一時衝動。而家長若能以平等、開放的心態對話，不僅能協助孩子從錯誤中學習，也能促進彼此間的信任與理解。

例如，當孩子打翻了牛奶，與其立刻開罵：「怎麼這麼不小心！」不如說：「你現在知道發生什麼了嗎？這下該怎麼收拾比較好呢？」讓他有機會自己處理，才是自我負責與學習的開始。

再來，具體且正面的肯定語言，比籠統的責備更有效果。像是：「你今天雖然做錯了，但你能主動承認，媽媽很欣賞你。」或者：「我知道你剛才有點衝動，但你願意再試一次，我相信你可以做得更好。」這些話語不僅不會讓孩子自卑，反而會激發他進步的動力。

給孩子尊嚴，是教養最重要的起點

責罵與辱罵，從來都不是有效的教育方式。它只會讓孩子學會壓抑、麻木，甚至反叛。真正的教養，是尊重與理解，是給予孩子犯錯的空間，並在錯誤中教他如何修正、成長。

要知道，孩子不是在「被罵中」變得成熟，而是在「被理解中」學會負責。每一個情緒崩潰的父母，可能只差一次深呼吸與一段對話的距離，就能帶來完全不同的教育結果。

若你願意放下不耐語氣，選擇多聽一句孩子的心聲，那麼未來你將看到的，不是一個表面服從卻內心疏離的孩子，而是一個懂得反省、願意溝通、有責任感的孩子。

所以，下一次當你想用怒火責備孩子時，不妨先停下來想一想：你是想要孩子「怕你」，還是「懂你」？你想培養的是一個會聽話的孩子，還是一個能思考、會選擇的未來大人？

用對話取代辱罵，讓教育回到本質。這才是讓孩子長出力量、保持尊嚴的真正開始。

把目光轉向孩子的亮點

在孩子成長的過程中，他們的心靈如同剛冒出芽的嫩枝，既敏感又脆弱。他們對自我的認知，通常不是來自自身，而是源於大人們對他們的看法與評價。當一個孩子經常聽到鼓勵的話語，他的信心就如陽光灌溉般不斷成長；但若經常遭到責備，那麼這棵剛冒頭的幼苗，很可能還沒長大就被打壞了。

家長們常說「我是為他好」，卻在不知不覺中，將孩子推向自我否定的深淵。總盯著孩子的缺點，可能讓孩子產生「我就是不夠好」的錯誤認知，進而失去學習與改變的動力。

教師的激勵：翻轉學習態度

美國教育家吉米・艾斯卡蘭堤（Jaime Escalante）在任教時，面對學生普遍缺乏學習動機的情況，他堅信每位學生都有潛力可挖掘。透過不懈的鼓勵與高標準的期望，他開設了大學先修微積分課程，並鼓勵學生參與。最終，這些學生在全國性的微積分考試中取得了優異成績，打破了外界對他們的刻板印象。這顯示出，教師的信任與激勵能夠引導學生超越自我，達成看似遙不可及的目標。

家長的正向引導：轉化缺點為優點

在教養子女的過程中，父母不僅傳授知識，更關注子女的心理發展和情感成長。透過「歸因理論」，父母可以引導孩子將成功歸因於自己的努力與能力，並在面對失敗時，強調可控的因素，如「下次可以更早開始準備」。此外，與孩子共同想像未來，追尋夢想，能夠激勵他們訂立明確目標，培養正面的心態和健康的行為習慣。這些方法有助於將孩子的缺點轉化為優點，促進全方位的成長。

然而，在家庭教育中，許多家長習慣將焦點放在錯誤與不足上。孩子考了 93 分回家，家長第一眼往往是盯著錯的 7 分，責罵為何又粗心。殊不知，孩子其實是帶著成就感回家的，期待一句鼓勵：「這次進步了，媽媽有注意到喔！」但他等到的，卻是一連串責怪與失望的眼神。

教育不該只盯著問題，
要學會看見孩子的潛力

孩子的心很單純，只要父母願意多看他一眼，他會更想表現給你看。相反地，若他每次努力後都只換來數落與嘮叨，那麼他的熱情與自信，終將在沉默中慢慢熄滅。

有一個媽媽在兒子考了不錯的成績後，卻只盯著那幾題錯的題目責備，孩子憤怒地衝進房間，鎖門哭泣。這名媽媽後來才明白，與其用指責的方式讓孩子修正錯誤，不如先看見他的努力，再一起討論如何避免下次犯同樣的錯。

孩子不是不願意被指正，而是害怕那種被否定的語氣與態度。若你總是拿放大鏡指責孩子的錯誤，他也會拿放大鏡感受你的冷酷與嚴厲，最終彼此之間只剩防備，而非連結。

請記得，每個孩子的特質都不同。有些孩子話不多，卻觀察入微;有些孩子貪玩，卻創意十足;有些孩子成績普通，卻樂於助人。如果你願意用「發現的眼睛」來看孩子，你會驚喜地發現：原來他們都有值得讚賞與珍惜的地方。

賞識，是一種力量。它不是對缺點視而不見，而是從優點著眼，引導孩子走向更好的自己。

培養孩子的自信，從懂得讚賞開始

孩子是用鼓勵養大的。無論孩子現在的表現如何，他都是一塊正在雕塑中的璞玉。每一句讚賞，都是幫他擦亮的動作；每一次肯定，都是為他內心築起的安全堡壘。

想培養出勇敢、自信的孩子，不是靠責備，而是靠發現與相信。當你願意放下對「完美孩子」的執念，學會欣賞孩子真實的樣子，那麼他會回報你一顆愈加穩定、堅強且向上的心。

教育的本質，不是挑剔孩子的每一個缺點，而是陪他一起了解自己的優勢、修補自己的不足。唯有如此，孩子才能在成長的道路上，不因一時失敗而氣餒，也不因他人的否定而自卑。

真正懂孩子的家長，不會用比較打擊他、不會用責備壓垮他，而是會用愛與理解，幫他看見自己的光。

所以，別再總是盯著孩子的缺點。當你開始欣賞孩子的一點一滴，他也會越來越願意靠近你、相信你，進而努力成為那個自信的自己。這，才是最美的教育成果。

缺點背後，也藏著孩子的潛能

在孩子的成長歷程中，每一個錯誤都可能成為轉機。比起不斷糾正、責罵孩子的缺點，更有效的方法是從中發現孩子的潛力，善加引導與鼓勵，讓他們重新了解自己。被放大優點的孩子，往往比被盯著缺點的孩子，更願意改變、也更容易進步。

將缺點轉化為優點的實踐

李醫師曾在演講中分享教育女兒的經驗。當時，他的女兒年幼，性格活潑好動，做事常常虎頭蛇尾，這讓他頗為頭痛。有一次，女兒答應幫忙整理書房，但整理到一半就跑去畫畫。李醫師原本氣得想發火，但他靈機一動，對女兒說：「哇，你剛剛疊書的方式很特別耶，我沒想到還能這樣排！」女兒聽後，眼睛一亮，馬上說：「我可以繼續整理，讓你看看最後會變怎樣！」當天，書房不但被整理得乾淨，她還主動畫了一張分類圖貼在牆上。

這個經驗讓李醫師深信：「孩子不是不想做好，只是還沒被看見做得好的部分。」家長如果願意從孩子身上找到哪怕一點點亮點，並加以鼓勵，孩子會因為被肯定而主動表現得更好。從這個角度來看，許多「缺點」其實只是等待被轉化的機會。

家長不妨反思，孩子的缺點是否有轉化為優點的可能？是膽小，還是謹慎？是好動，還是充滿活力？只要你願意改變看待方式，就能讓孩子也學會欣賞自己。

以尊重與引導代替責備與否定

真正有效的教育，從不建立在羞辱與打壓之上，而是從理解與引導出發。孩子做錯事，是在學習過程中難免會出現的曲折，而家長該做的，是讓這些錯誤成為成長的跳板。

一位美國物理學家小時候曾不小心打破牛奶瓶，滿地的玻璃與牛奶讓他嚇壞了。但他的母親不但沒有生氣，還拉著他一起用不同工具來清理，並說：「要不要練習怎麼拿瓶子才不會滑掉？」多年後他說，是這件事讓他學會「犯錯不是罪過，而是學習的機會」。

在臺灣，也有不少老師與家長開始採取「不責罵式教育」。國小教師黃玉杰曾在班上推行「錯誤分享時間」，讓學生能勇敢說出自己的錯，並一起找出改進的方法。結果學生不僅學會負責，還學會彼此尊重。

父母也應該調整回饋方式。像一位媽媽在孩子考了 85 分後說：「這次有比上次進步，錯的地方也可以當成下一次努力的目標。」比起責怪孩子粗心，這種回應讓孩子既有成就感，也願意自我挑戰。

再小的行為，只要能被鼓勵與引導，孩子都會記在心裡。孩子會因為家長尊重他、理解他、陪著他找方法，而逐步養成負責任與主動修正的態度。教育的力量，不是糾正一次錯誤，而是培養一種改進的能力。

讓孩子學會相信自己，是最好的改變起點

孩子的缺點從不是不能改變的宿命，而是可以調整與轉化的起點。父母若能轉換思考方式，從「糾正」走向「發現」，從「指責」走向「鼓勵」，就能幫助孩子建立自信，讓他知道：我值得被欣賞，也有能力變得更好。

真正高明的父母，不是期待孩子一開始就完美，而是願意陪孩子從不完美中找到力量。因為在成長的過程裡，被理解、被尊重、被肯定，就是孩子蛻變的養分。

講理比責備更能讓孩子進步

孩子在成長過程中難免會犯錯，身為父母有責任幫助他們修正。然而，不少家長在責罵孩子時，忽略了溝通的方式與情緒的拿捏，結果非但沒幫助，反而造成孩子的反感，甚至出現叛逆行為。

作家吳先生曾在訪談中提及，自己青春期時有段時間變得極為叛逆。她回憶當年國中的一次考試，成績不如預期，母親當場在餐桌前數落她「浪費才華、又懶又笨」，還翻出過去所有成績單大做比較。她說：「當下我根本聽不進任何字，只覺得被羞辱。」那段時間，她開始頂嘴、逃避寫作業，甚至刻意讓成績更差。

反之，也有家長採取更有智慧的方式面對孩子的錯誤。一位心理師曾分享自己與兒子的相處經驗，有次兒子忘記完成報告而被老師罵，回家後一臉沮喪。她沒有第一時間指責兒子，而是說：「這次很挫折吧？有沒有想過下次怎麼做才不會這樣？」這句話讓孩子卸下防備，自己提出解方，並主動擬好時間表，她也陪兒子一起檢查進度。她說：「讓他感受到自己是可以掌握事情的人，比我說教一百句都有效。」

責罵若只是單向的情緒宣洩，只會破壞親子信任，也無助於行為改善。而當孩子已進入自我意識強烈的時期，與其斥責，不如換個角度傾聽、引導，才能真正帶來成長。

語氣、時機與態度是關鍵

責罵的本質是為了教育，不是打壓。家長要學會在孩子情緒能接受的時候說明錯誤，否則即使講的是道理，也無法進入孩子的內心。語氣平和、立場堅定，反而更能讓孩子放下防衛心。

許多專業輔導老師建議，可嘗試「低語法則」：當孩子做錯事時，刻意壓低聲音，反而會讓孩子更專注地聽你說話，也不易進入對立情緒。像是「這件事我們可以怎麼改變？」比「你怎麼又這樣？」更能激起孩子自我反省的動力。

此外，適當使用「暗示法」也是好工具。有位國小導師在班上遇到總愛頂嘴的學生，沒有當面指責，而是全班共讀《國王的耳朵是驢耳朵》，讓孩子自行聯想其中「不能聽進別人建議的國王」的形象。幾天後，那位學生主動找老師說：「我想我有點像那個國王，可能太急著為自己辯解了。」

還有些時候，沉默勝於千言萬語。當孩子知道自己犯錯而父母選擇沉默，只是輕聲說「我們等下來談」，那份無聲的期待反而讓孩子更緊張，更願意思考如何面對。

責罵應當「及時且適度」，太早講可能孩子還沒意識到錯誤，太晚說則失去教育契機。更重要的是，責罵之後要補上引導，例如：「你覺得下次遇到一樣的情況，可以怎麼做？」這樣的結尾會讓孩子學會負責與修正，而不是僅僅感到被否定。

教養的溫度，決定孩子的態度

責罵從來不是要讓孩子感到羞愧，而是幫助他辨別對錯與負責的方式。真正有效的責罵，是讓孩子知道他做錯了，但同時也知道自己仍被愛與信任。

當父母願意放下情緒、講究方式、給予空間，孩子才會更願意接納與改變。讓責罵成為橋梁，而不是牆，才是真正有智慧的教養之道。

學會認錯，是成長的重要一步

當孩子犯了錯，父母若只是氣憤或責備，往往錯失了讓孩子學會反思與成長的契機。與其急著糾正，不如引導孩子看見錯誤、理解後果，進而勇敢承認。誠實不僅是一種道德選擇，更是一種勇氣與負責任的表現。

國小教師林子芊曾分享班上一位學生的故事。這位三年級的小男孩平時活潑好動，有次在下課時不小心打破了同學的水壺。當時他第一時間否認，還說是別的同學撞到的。林老師沒有當場追問責任，而是帶著他與同學一起擦乾水漬、將東西歸位。等大家都離開後，她輕聲問他：「你是不是有點擔心老師會生氣？」小男孩點點頭，接著說出真相：「是我撞到的，可是我不敢說。」林老師沒有責罵他，而是說：「你願意說出來，老師很佩服你。」隔天，這位學生還主動寫了一張道歉小卡給全班，並提出要幫忙修理櫃子。從此以後，他面對問題更願意承擔，不再逃避。

這樣的經驗讓人看見，孩子並不是不懂是非，只是害怕失去大人的信任。若家長或老師能給予空間與理解，孩子就能從「害怕被罵」轉為「願意承擔」，這樣的勇氣，是未來人生中不可或缺的力量。

錯誤，是學習責任感的契機

有些孩子不願承認錯誤，其實背後有許多原因。可能是怕被懲罰、怕失去父母的愛，或是因為過往被責備時經驗太過痛苦，導致他們習慣逃避。

輔導老師劉芳曾輔導過一位學生小宜。小宜因為一次考試作弊被發現，原本堅決否認，甚至反咬是同學設計陷害。學校準備記他大過，但劉老師沒有馬上定罪，而是請他寫一篇「假如我是當事人」的作文。三天後，小宜遞交了一篇真誠的反省文，也在班會時坦承錯誤。他說：「我知道錯了，但我更怕讓爸爸媽媽失望。我怕他們會覺得我沒救了。」劉老師事後安排家長會談，鼓勵父母不去重複責備，而是和孩子一起設立補救計畫，例如每週學習進度回報、尋求導師協助。半年後，小宜重新找回學習動力，也不再說謊。

從這個例子可以看出，讓孩子勇於面對錯誤，首要不是懲罰，而是創造一個允許「錯誤中學習」的環境。若家長只在意後果而忽略孩子的內心狀態，反而讓孩子更難有機會學會誠實與負責。

家長怎麼做，孩子才有勇氣認錯？

第一步，是明確指出行為的錯誤，但不等於否定整個人。對孩子說「你不該這樣做」比起「你怎麼這麼糟糕」，能更具建設性。當錯誤發生時，鼓勵孩子用自己的語言描述整件事的來龍去脈，這樣不只訓練思考與邏輯，也讓孩子逐步擁有責任感。

第二步，是陪孩子思考補救辦法。像國小老師鄭文榮就曾讓班上學生在課堂上討論：「如果不小心弄壞別人的東西，你會怎麼做？」他說：「有些孩子會說要寫卡片道歉，有的說可以用自己的零用錢買新的。」透過這樣的過程，孩子更能理解補償的意義，而不只是避免被罵而敷衍了事。

第三步，是在孩子承認錯誤後給予肯定。這份肯定不應是空泛的「你很棒」，而應是具體描述行為背後的價值，例如：「你勇敢說出真相，我真的很欣賞你這點。」這樣能幫助孩子將「認錯」與「被接納」建立正面連結。

讓錯誤成為自我成長的養分

許多教育現場的經驗顯示，孩子願意承認錯誤，關鍵不在於他們多成熟，而是在於他們是否相信自己說出真相不會被羞辱。面對孩子的過錯，家長若能用對話代替責備、用行動代替懲罰，孩子不僅學會誠實，也學會如何在人生的跌倒中站起來。

總之，教會孩子「錯了沒關係，但要學會改進」，這才是教育的終極目標。真正重要的不是避免犯錯，而是有勇氣承擔後果、有智慧找到解方。每一次錯誤背後，都是孩子成為更好自己的機會。與其嚴厲斥責，不如一起問：「你學到了什麼？下一次會怎麼做得更好？」

第九章
引導孩子跨越內心的恐懼

恐懼，是孩子成長過程中自然出現的情緒反應。正因為有了恐懼，孩子才會對未知有所警覺，學會辨識危險、避免傷害，這是一種基本的自我保護機制。然而，若恐懼的情緒過度膨脹，超出合理範圍，就會變成阻礙孩子行動的障礙，使他們面對挑戰時遲疑不前，甚至錯失寶貴的學習與成長機會。

不少孩子其實內心有強烈的渴望與好奇，但一旦面對陌生情境或可能失敗的風險，就被不安和恐懼綁住手腳。這樣的心理，若未及時引導與處理，很容易讓孩子養成逃避現實的習慣，長期下來不僅影響自信心，也限制了他們的發展空間。

因此，作為父母，應當用理解與耐心陪伴孩子面對恐懼，引導他們一步步知道內心的不安來源，並透過實際行動學會調適與超越。唯有克服過度恐懼，孩子才能真正釋放潛能，踏出勇敢的步伐，迎向屬於自己的成功與成長。

面對孩子的恐懼，我們該怎麼做？

每位孩子在成長過程中，都會出現程度不一的恐懼情緒。根據心理發展研究，孩子大約從兩歲開始，隨著自我意識逐漸建立，對未知事物的敏感度提升，恐懼便逐漸浮現。這些恐懼可能來自生活經驗、環境刺激，或成人的言行影響。了解孩子常見的恐懼類型，是幫助他們走出陰影的重要起點。

分離焦慮：擔心你離開，就再也不回來了

幼兒園的李老師分享，她曾照顧過一位叫語恩的小女孩，平時活潑可愛，但每到媽媽準備離開時，便會大哭不止。語恩的媽媽一開始總是選擇悄悄溜走，讓孩子「哭一哭就好」。但這樣的方式讓語恩對分離產生更深的焦慮，不僅入園困難，甚至連平日與家人短暫分開都會過度反應。

後來，在老師建議下，媽媽開始採取穩定一致的告別方式，例如提前預告：「媽媽要去上班，下課我就來接妳」，並搭配擁抱與揮手道別的固定儀式。三週後，語恩不再害怕分

離，反而能主動揮手說再見。

這類情形屬於「分離焦慮」，是孩子依附關係建立過程中的自然反應。家長可以透過明確說明、情緒預備與儀式化的告別方式，幫助孩子學習信任與等待。

社交恐懼：怕面對陌生人，也怕表現不好

江媽媽有個四歲的兒子翰翰，在家是個話多又熱情的小開心果，但只要有客人來訪，他就會立刻變得噤若寒蟬，甚至躲進房間裡不肯出來。有一次在公園遇到鄰居阿姨想跟他打招呼，他嚇得直往媽媽身上貼。

江媽媽一度擔心翰翰是不是過於內向，經與幼兒園老師討論後才放心不少。其實孩子出現怕生的行為，是自我保護的一種表現。孩子在還無法完全理解社會互動的規則前，面對陌生人會感到不確定與壓力。

建議家長可以透過陪伴孩子參與小型聚會、進行角色扮演、示範如何打招呼等方式，讓孩子逐漸熟悉社交情境，並透過家長的肯定增加信心。尊重孩子的節奏，才能讓他慢慢習慣人際互動的節奏。

成就焦慮：怕輸了就不被愛了

六歲的喬喬在比賽前總是非常緊張，不斷問：「如果我沒得第一名，老師會不開心嗎？你還會喜歡我嗎？」原來喬喬從小就被稱讚「很聰明」、「很棒」，讓她把成績與自我價值綁在一起，深怕一旦失敗就會被否定。

這種「成就焦慮」在學齡前後的孩子中相當常見。他們擔心表現不夠好就失去愛與肯定，久而久之，可能變得不敢挑戰新事物，甚至產生逃避心理。

家長可以轉化焦點，從結果轉向過程，像是：「我看到你這次真的很努力練習，這比有沒有得名還重要。」這樣的語言能協助孩子建立內在動機，而非過度依賴外在評價。

認知不足造成的誤會與恐懼

林先生的女兒芮芮非常怕吸塵器。每次開機，她就緊張大叫，甚至躲進沙發後方。林先生一開始以為她在裝可愛，後來經觀察才發現，芮芮曾目睹吸塵器把一張畫紙「吃掉」，從此視它為怪獸。

孩子對世界的理解有限，當面對不熟悉或無法理解的現象時，容易產生誤解與誇大反應。這時家長應該耐心解釋，甚至陪孩子一起觀察、操作，讓他了解事物的原理與安全性。

像芮芮的媽媽後來就陪她一起玩「幫吸塵器找紙片吃」，在遊戲中逐步解除誤解，芮芮也不再害怕。

被嚇出來的恐懼，往往藏得最深

有些家長在孩子哭鬧時，會不自覺地脫口而出：「再不聽話，警察就來抓你囉！」或「再亂跑就被賣掉！」雖然是無心之言，但孩子卻可能當真。

一位四歲男童聽到阿嬤常說「你再不收玩具就會被送去別人家」，導致他每次看到家人提袋出門就嚎啕大哭，以為自己真的要被「送走」。

孩子的理解力有限，家長若不慎使用恐嚇式語言，反而會在孩子心中種下長遠的陰影。這類恐懼不像雷聲那麼容易被識破，卻會深植心中，甚至影響未來的人際信任與安全感。

面對恐懼，陪伴最重要

大多數孩子的恐懼會隨著年齡增長、自主能力提升而逐漸消退。但若家長未能及時察覺與陪伴，有些恐懼可能會內化成持久的焦慮，甚至演變為心理症狀。

因此，當孩子出現過度害怕、逃避、哭鬧、睡眠不安等情形時，家長應先傾聽孩子的感受，再循序漸進地協助他面對。而不是以嘲笑、否定或急迫的方式逼他「馬上好起來」。

家長是孩子第一個情緒練習場。只有當我們先穩定自己，願意陪伴與等待，孩子才會相信，這個世界是安全的，他們可以放心去探索、去犯錯，然後慢慢長大。

安全感，是孩子內心最穩定的力量

在一所國小附設幼兒園任教的王老師，遇過一位讓她印象深刻的小男孩，名叫恩澤。他不是不聽話，也不頑皮，只是特別怕 —— 怕黑、怕吵、怕球、怕不熟的環境，就連同學靠近一點講話，他也會緊張得眼神閃爍，雙手抱緊自己。

有一次課間活動時，全班小朋友開心地在操場上玩躲避球，只有恩澤一個人蹲在角落畫地自娛。王老師走過去蹲下問他：「你怎麼沒去玩呢？」他低聲說：「我怕球會砸到我，我怕他們會笑我。」這種反應對一個五歲的孩子來說，明顯超出同齡孩子的社交與活動恐懼範圍。

在一次家長會後的深入溝通中，王老師才得知，恩澤三歲前經歷過父母離婚、搬家與長期缺乏穩定照顧。外公外婆雖然盡力給予陪伴，但恩澤對大人關係缺乏穩定信任的連結，導致他對外界的刺激極度敏感，容易產生退縮與恐懼反應。

孩子的勇敢從來不是與生俱來，而是源自於他們對世界是否感到安全。若家庭中充滿爭吵、漠視，或無法提供穩定的愛與支持，孩子便難以建立對他人、對環境的基本信任。

反之，當孩子擁有充足的情緒支持與被理解的經驗，他們自然會有勇氣去嘗試新事物、探索世界。

如何打造讓孩子感到安全的成長環境？

用溫柔的關注，替孩子守住內心的寧靜

建立安全感的第一步，就是讓孩子感受到被理解與被在意。許多家長忙於工作與生活瑣事，容易忽略孩子情緒的細微變化。其實，每天花些時間與孩子共處、玩耍與聊天，不僅是親子交流，更是傳遞安全訊息的方式。

例如，父母在孩子放學後的一句「今天在學校有沒有發生什麼特別的事？」勝過無數的玩具與獎勵。孩子不在乎你買了多少，而是在意你有沒有真心聽他說話。

讓孩子知道：無論成功與否，你的愛不會改變

很多孩子之所以害怕挑戰，是因為害怕失敗後會失去父母的喜愛。當我們說出「你怎麼又考不好？」或「你這樣會讓爸媽很丟臉」這類話時，無形中傳達了一種信號：你的表現決定你是否值得被愛。

反過來說，當我們說：「這次雖然沒拿第一，但你很努力，爸爸媽媽很以你為榮。」孩子便會知道，愛不是有條件的，他會因此更願意接受挑戰與挫折。

安慰物，是孩子心靈的過渡橋梁

許多孩子會對某樣物品特別依賴，像是小毛巾、布偶、甚至一件舊衣服。這些「安慰物」並非無用，而是幫助孩子在面對焦慮時，自行穩定情緒的工具。當孩子依附這些物品，請別急著收走，而是陪他慢慢過渡，直到他能以自我力量去面對不安。

劃下明確又溫柔的界線，是給孩子最踏實的保護

很多家長誤以為自由就是不設限，其實，真正的自由必須建立在安全感之上。當孩子知道哪些事情能做、哪些事情不能做，反而會感到安心。

比方說，如果告訴孩子：「在公園裡你可以玩，但不能自己跑到馬路邊」，這不只是限制，更是一種邊界感的培養。孩子在「可控的空間」內練習探索，會更有信心，也更懂得尊重規範與他人。

隨著孩子年齡增長，這些邊界也應逐步放寬，例如從家

裡擴展到鄰里、學校，讓孩子逐步學會為自己負責。這是一段長期的培養過程，需要父母的信任與陪伴。

給予孩子足夠安全感

安全感，是孩子人格的地基，是面對世界挑戰時最堅強的籌碼。這不只是一種情緒安撫，更是一種生活態度的養成。孩子一旦知道「我不管犯了什麼錯，爸媽都願意聽我說」，「我難過時，有人會抱一抱我」，「我害怕時，身邊有人會牽我的手」── 他自然會更勇敢、更堅定。

願我們成為那道不動搖的港灣，讓孩子在經歷風浪後，仍然願意回頭尋找依靠。這樣的家，就是他一生最牢靠的避風港。

陪孩子走出恐懼的陰影，走進更堅定的人生

每個人都有害怕的事。從小到大，我們都可能怕黑、怕蛇、怕考試失敗，甚至怕在人前講話。這些都屬於人類正常的自我保護反應。但對某些孩子來說，這些恐懼可能會變得過度或不合常理—像是不敢靠近貓狗、怕洗頭、怕坐電梯，或甚至在進入新環境時就手足無措，表現出極大的情緒抗拒。

如果孩子的恐懼已經影響到日常生活、人際互動，甚至學習與探索的意願，那就不只是「怕」這麼簡單，而是需要家長積極引導的心理狀態。

在一間國小擔任輔導老師的謝佩君，就遇過一名三年級男孩建翔，因為從小常被姑姑半開玩笑地恐嚇「再不乖就被送去關」，久而久之，他只要看到警察、穿制服的人，甚至看到救護車聲音經過，身體就會自動僵硬，眼神驚恐不已。班上同學有時會模仿警笛聲逗他玩，他甚至因此拒絕上學。這就是典型被誤導後產生的過度恐懼。

恐懼若無法適當面對與消化，長期下來可能成為孩子自信心發展的絆腳石，甚至影響其人際關係與心理健康。因此，父母與老師的支持與陪伴，顯得格外重要。

培養勇氣，是一場溫柔又堅定的練習

從「接納恐懼」開始，而不是否定它

家長常會因為心急而否認孩子的情緒：「怕什麼啦？這又沒什麼！」但這樣反而會讓孩子覺得自己「不應該」害怕，情緒不被理解，變得更孤立。正確的方式，是讓孩子知道「你害怕是可以的，沒關係，我會陪你一起面對。」

承認孩子的恐懼、再一步步引導他了解那個讓他緊張的對象，是最有效的做法。例如孩子怕狗，可以先從看狗的繪本開始，再慢慢到遠處觀察溫馴的小狗，最終鼓勵他試著靠近。過程中每一點小進展，都值得讚美。

練習轉移注意力，用正向語言幫助情緒平穩

在某些突發情境中，如打雷、停電、突如其來的環境改變，孩子的恐懼反應會迅速出現。這時家長可教導孩子使用「轉移焦點」的策略，例如數呼吸、握住喜歡的玩偶。同時，也可帶著孩子使用正向自我對話，如:「我雖然有點怕，但我可以慢慢來」、「我不是一個人，有爸爸媽媽在這裡」。

這些語句不但能穩定孩子情緒，也有助於孩子未來面對壓力時的自我調節能力。

家長的態度，是孩子勇氣的溫床

用行動去理解，不用指令去要求

對於表現膽怯的孩子，千萬別用諷刺或強硬手段對待。像是「你怎麼這麼沒用！」、「一點小事也怕成這樣？」這些話不但無法幫助孩子，還可能讓他們更加退縮，甚至懷疑自己的價值。要相信，孩子害怕不是故意的，他們只是還沒找到面對的方法。

與其責備，不如示範給孩子看

孩子會觀察大人的反應。如果他看到父母遇到突發狀況也會說「好可怕喔怎麼辦」，那他自然也會模仿這樣的情緒反應。相反地，如果父母冷靜面對說：「雖然有點嚇人，但我們可以一起想辦法」，孩子自然也會從中學習勇敢與理性。

讚賞每一次嘗試，不管結果如何

鼓勵孩子時，不要只強調成果，更重要的是他「有嘗試」這件事。當孩子願意接觸自己曾經害怕的事物，就值得大力肯定。這些正向回饋，會一點一滴地堆疊出孩子的自信，並取代原本的恐懼。

恐懼不是缺陷，而是等待理解的訊號

當孩子出現不合理的恐懼時，請記得：他不是軟弱，而是在向你求救。請你陪著他一起，一步步探索與理解那些讓他心跳加速的對象與情境，讓他知道——「不是我一個人在害怕，我有你。」

這樣的陪伴與理解，會是孩子一生面對世界最強大的後盾。讓我們幫助他們學會：即使害怕，也可以走出去看看，原來世界沒有那麼可怕，甚至還可能很美好。

幼年陰影，會悄悄影響一生

在鄉下成長的庭瑜，成年後始終對「人多的地方」感到莫名不安。只要進入百貨公司、演唱會，甚至搭上人多的公車，就會心跳加快、呼吸急促，甚至焦躁到想掉頭離開。心理諮商後，她才找回塵封的記憶：小時候一次鬧脾氣時，爸爸氣急敗壞地把她獨自留在人來人往的夜市邊，嘴裡還丟下一句：「妳再不乖就不要跟我們回家！」那時她才五歲，嚇得邊哭邊在原地站了一個多小時，直到媽媽急匆匆回來找她。

這件事對爸爸而言或許只是氣話、是管教手段，但對一個孩子來說，卻成了難以抹去的心理創傷。這也讓我們意識到：孩子的恐懼，從來都不是小題大作。

恐懼是真的，不該被否定

孩子的恐懼來源多元，有的怕打針、怕鬼、怕廁所；有的怕陌生人、怕鞭炮聲；也有的對毫無惡意的貓狗避之唯恐不及。雖然大人總認為這些害怕「沒什麼大不了」，但對孩子而言，這些都是他們真實、具體且巨大的情緒反應。

心理學研究指出，幼兒期的感受力遠高於理解力。他們對外在世界的理解尚在建立中，但情緒早已在心中翻湧。若這時父母只用「不准怕」、「又沒什麼好怕的」來否定孩子的感受，不只無助於引導，反而可能讓孩子將恐懼壓抑在心，演變成長期的不安、焦慮，甚至心理創傷。

傾聽，是家長最溫柔的力量

小學老師吳宥蓁曾分享，她班上有個孩子因為怕貓，被同學取笑是「膽小鬼」。媽媽知道後立刻嚴厲斥責孩子「別人都不怕，你在怕什麼！」導致孩子更加封閉、不願出門。後來老師建議媽媽陪孩子一起看貓咪，先從繪本、影片開始，進一步到動物園裡隔著玻璃觀察，最後孩子終於鼓起勇氣摸了同學家的老貓。這段過程歷時兩個月，但孩子不再害怕，也重新建立了自信。

家長不需要急著「糾正」，更不需要立刻反駁。最重要的是給孩子說話的空間。當孩子說出「我害怕」時，其實是一種信任的表現。如果大人願意放下成見，用陪伴與認同接住他們的情緒，那麼孩子才會逐步找回安全感。

傾聽，不只是「聽見話語」而已，還包括眼神、肢體語言、聲音強度的變化 —— 這些訊號都能幫助大人更深刻地理解孩子的情緒深度。

引導孩子看見恐懼背後的真相

許多孩子的恐懼其實源於「誤解」與「經驗不足」。例如有孩子因為曾在游泳池裡嗆水，從此不敢靠近水域；有些孩子則在夜晚獨處時，將黑暗中的影子聯想到怪物，變得驚慌無助。

這些情緒都真實存在。家長應該做的是幫助孩子將模糊的恐懼「說清楚、看清楚」，透過問問題、畫圖或模擬遊戲等方式，讓孩子能夠「描述」自己的害怕是什麼。當孩子可以將內在焦慮說出來，恐懼的能量就會慢慢被釋放。

正向引導，取代硬碰硬

鼓勵孩子用自己的方式面對恐懼，例如寫下來、畫出來、演出來，也可以透過角色扮演遊戲建立孩子的掌控感。與其強迫他「不要怕」，不如一起訂下「我們今天靠近這隻小狗五步」的小目標，循序漸進地幫助孩子建立信心。

有些孩子今天敢站在舞臺上說一句話、明天敢主動說早安，這些看似微不足道的小事，其實都是他們克服恐懼的里程碑。父母的掌聲與擁抱，往往比任何道理都更有力量。

恐懼不是敵人，而是成長的轉機

面對孩子的恐懼，我們不是要逼他們不怕，而是要陪他們找到「願意再試一次」的勇氣。恐懼不該被嘲笑、否定或壓抑，而應該被理解、接納與引導。每個人都曾經在成長路上，因為某段害怕的記憶停下腳步，但也因為有人陪著他走過，才找回踏出下一步的信心。

幫孩子擁抱恐懼，不是叫他忽略，而是教他用自己的方式去面對。只有這樣，他才能真正看見自己比想像中更堅強的模樣。

知識是孩子勇氣的泉源

每聽到打雷，六歲的小祈總是嚇得躲進桌子底下，雙手緊緊摀住耳朵，眼神慌張地看著窗外閃爍的雷光。他一邊發抖，一邊對媽媽說：「天是不是要爆炸了？我會不會被雷打到？」這種劇烈的反應，甚至影響他晚上的睡眠，只要遇到下雨天，他就不肯自己睡，甚至半夜會驚醒、哭泣。

媽媽並沒有直接斥責他的膽小，而是開始陪著他慢慢了解雷雨的形成。她買了幾本兒童氣象繪本，每晚和他一起閱讀；還帶他去參加科學館舉辦的兒童氣象活動，讓他親眼看到閃電的模擬實驗。漸漸地，小祈對雷聲的恐懼逐步緩解，不再因為一場雷雨而無助地驚慌。

對孩子來說，恐懼往往來自「不知道為什麼」。當孩子對事物有了知識與理解，他的內心就能獲得穩定，也更容易鼓起勇氣面對那些曾經讓他害怕的事物。

用生活知識澄清孩子的誤解

一位國小老師分享過一個印象深刻的案例：一名三年級的男孩怕極了教室外頭種植的一棵鮮紅色的天竺葵。每次經過那株植物，他都特別繞遠路，甚至一次因為老師要他澆花而當場崩潰大哭。後來經由輔導室進一步了解，才知道他曾看過卡通中「吃人植物」的畫面，從此將鮮紅植物與危險連結在一起。

老師和家長聯手協助這位男孩，先從介紹各類花卉的特性開始，再讓他畫下天竺葵的樣子，甚至用黏土做出模型。後來，孩子不但不怕這盆植物，還主動幫老師照顧花圃。

這個例子再次證明，「不熟悉」是恐懼的溫床，「了解」才是對抗恐懼的起點。當孩子了解越多，他便越能辨別哪些事物是可怕的，哪些只是錯誤的想像。

家長可以怎麼做？

一、用知識消除神祕感

孩子怕黑，並不是真的怕黑，而是害怕黑暗裡「可能藏著什麼」。家長可以和孩子一起在房間裡關燈玩「影子遊戲」，或拿手電筒探索角落，讓孩子發現黑暗其實沒有什麼不同。越了解越能放鬆，越明白越有安全感。

二、讓孩子逐步適應所懼怕的事物

例如孩子怕狗，可以從看狗的照片、影片開始，再逐步靠近體型溫馴的真狗。過程中不急著讓孩子「不怕」，而是讓他「習慣」，並學習如何與狗互動。這樣的適應過程，不只幫助他戰勝恐懼，也是一種建立自我掌控感的歷練。

三、避免強迫孩子「勇敢面對」

當孩子表達害怕時，千萬不能硬要他馬上去觸碰、面對那個恐懼的對象。這只會讓孩子把情緒壓在心裡，甚至造成創傷。與其強逼，不如陪著孩子慢慢了解、慢慢靠近，才能真正讓孩子學會面對恐懼。

四、用生活中的小知識陪孩子建立信心

生活中其實有很多「小知識」可以轉化為孩子的勇氣來源。像打針時，家長可以簡單說明打針是如何讓身體更健康；面對洗頭或洗澡的抗拒，可以告訴孩子皮膚怎麼保護身體、怎麼會有細菌等等。當孩子明白這些行為背後的意義，就會從抗拒轉為配合，甚至自己主動完成。

五、適當安排「小意外」的學習情境

刻意讓孩子經歷一些可以承受的失敗或挫折，像是跌倒擦傷、玩遊戲輸了、做實驗沒成功，都能強化他面對風險與未知的能力。家長的角色不在於排除所有風險，而是陪孩子理解風險、面對風險，甚至從錯誤中學習。

給孩子一雙能看清世界的眼睛

恐懼是自然的情緒，尤其在孩子認知還不成熟的階段更是常見。唯有讓孩子了解他所面對的事物，才能拔除恐懼根源。家長的解釋、陪伴與適時的引導，是孩子邁向勇敢的最有力推手。

換句話說，勇敢不是與生俱來的，而是「知道的越多、心就越不怕」。越是熟悉，就越能沉著面對；越是了解，就越能安心行動。

只要我們不急、不嘲笑、不否定，而是讓孩子在知識中成長，在理解中學會堅強，那麼他們的勇氣，將會源源不絕。

好奇是孩子面對未知的天然力量

大部分孩子在面對新事物時，都會在「想靠近」與「不敢靠近」之間掙扎。對他們而言，這個世界充滿了尚未解答的謎題，也隱藏著令人忐忑的可能性。恐懼與好奇，經常交織在他們的心裡，但也正因如此，孩子的好奇心若能被溫柔呵護，便能成為引領他們跨越恐懼、邁向成長的力量。

有一次，安安在課堂上突然說她不敢去教室後方拿掃把，因為那邊有一臺關著燈的飲水機，她覺得那像一張黑色的「臉」，還會亮紅燈。原本老師以為她只是找藉口偷懶，但下課後觀察發現，她是真的站在教室前方發抖，不敢往後走。

學校輔導老師介入後，並沒有直接告訴安安「那是飲水機，別怕」，反而拿出繪本，帶著她畫下她看到的「紅眼怪物」，再慢慢從圖畫過渡到實物，最後甚至讓安安幫忙擦拭飲水機的燈光與面板。透過一步步的探索與對話，安安才慢慢地不再害怕那臺飲水機，還主動幫同學裝水。

這個例子讓我們看見：好奇心若能被啟動，就有可能取代恐懼；孩子若能用探索代替逃避，就能將陌生感轉化為理解與信任。

從生活中激發孩子的探索精神

很多孩子在面對「第一次」時特別容易產生畏懼。第一次洗頭、第一次剪頭髮、第一次搭電梯，這些對大人來說稀鬆平常的事情，在孩子眼中卻常常像是一場未知的冒險。家長若能提前用圖畫、故事、實際示範等方式，引導孩子了解其中的過程與目的，就能減少孩子的不安。譬如洗澡時，可以問他：「水為什麼會熱熱的？你猜熱水從哪裡來？」讓孩子用問題代替抗拒。

讓好奇成為家庭日常的一部分

家長在生活中可善用日常情境引發孩子提問與觀察，例如：「為什麼電視沒聲音了？是不是聲音線掉了？」、「冰箱裡的食物為什麼不會壞？」每一個日常的細節，都是培養孩子探究力的契機。

帶孩子進入自然的懷抱

臺灣的自然景觀豐富多樣，無論是郊區的步道、公園的植物區、海邊的潮間帶，都能成為孩子探索的教室。家長可以帶孩子觀察螞蟻搬食物、聽蝴蝶振翅的聲音、用放大鏡看葉子上的脈絡。這些經驗不只能豐富孩子的認知，也能讓他們理解自然現象背後的規律與美感，進一步減少他們對未知的恐懼。

好奇心的發展需要環境支持

故事與閱讀是孩子對抗恐懼的武器

故事能讓孩子穿梭在真實與想像之間，培養情緒表達與問題思考能力。當孩子聽到主角面對怪獸、黑夜、獨立冒險時，他們會對應到自己的經驗，自然而然地學會面對與處理恐懼的方式。尤其父母親身講故事，能產生更強的情感連結與安全感。

避免直接給答案，讓孩子自己探索

當孩子問「為什麼螃蟹會橫著走？」與其直接說「因為牠的腳長得這樣」，不如陪他一起模仿螃蟹走路、查找資料、畫下觀察到的動作。這樣的過程不僅是答題，更是一場深度對話與認知建立。透過親身參與，孩子更容易記住，也更樂於繼續追問下一個「為什麼」。

鼓勵孩子動手實作

好奇不只是腦袋裡的念頭，它需要具體的行動來延續。讓孩子拆開壞掉的玩具看看構造、讓他們嘗試種下一顆種子觀察生長，這些「動手做」的機會能滿足孩子想知道、想搞懂的需求，也能培養他們的解決問題能力，甚至培養成就感與自信。

尊重孩子思考的節奏與風格

家長不應急著將每一件事情「教到懂」，而是創造可以思考與試錯的空間。有些孩子觀察慢，但一旦建立好連結，就能更深入理解；有些孩子提問跳躍、胡思亂想，其實正代表他們的大腦正在做連結與重組。不要急於糾正或「拉回正軌」，耐心聆聽比急著指正更重要。

在好奇中長大的孩子，不怕挑戰

從心理學觀點來看，好奇心是天然的學習動機，它不僅驅動孩子主動探索世界，也讓孩子在困難或恐懼面前更願意嘗試與探索。孩子不是沒有害怕，而是在好奇心的牽引下，慢慢找到了與恐懼共處的方式。

對於父母來說，保護孩子的同時，更應給予足夠的自由與信任，讓孩子在探索的路上，學會分辨、學會面對，也學會勇敢。

探索新世界的熱情

大多數孩子在探索新世界的同時，內心常常會交錯著「想接近」與「怕靠近」的情緒。對他們來說，生活中許多現象既新鮮又神祕，也因此容易觸動他們的恐懼感。但也有不少孩子，會在好奇心的牽引下，克服這些原本讓人退縮的情境。

像是九歲的睿睿，就曾經因為怕黑而不敢一個人去陽臺拿晒好的衣服。某天晚上，媽媽請他幫忙拿外套，他站在陽臺門口一動也不敢動，眼神緊盯著陰影中的花盆。媽媽原本打算自己去拿，但這次決定換個方式處理。她不急著催促，而是問他：「你覺得影子裡會是什麼呢？」睿睿猶豫了一下，小聲說：「好像有東西在動，可能是貓……也可能是鬼吧。」

媽媽笑著說：「要不要我們用手電筒一起去找找看是什麼？」兩人一起打開手電筒，走進陽臺，一照之下發現不過是一條被風吹動的毛巾。原本緊張的睿睿突然鬆了一口氣，接著自己一邊拿起外套，一邊說：「好像也沒那麼可怕耶！」

這次經驗讓睿睿明白，自己可以透過觀察與查證，來破解心中的害怕。而媽媽選擇用好奇心的方式引導孩子，不僅化解了眼前的難題，也種下了孩子主動探索的種子。

電子書購買

爽讀 APP

國家圖書館出版品預行編目資料

情緒教養不是「說說就好」！在每次焦慮下，教孩子慢慢站穩：從焦慮到安心，讓孩子學會情緒自處的第一課 / 林琬清 著 . -- 第一版 . -- 臺北市 : 財經錢線文化事業有限公司 , 2025.06
面；　公分
POD 版
ISBN 978-626-408-288-4(平裝)
1.CST: 親職教育 2.CST: 子女教育 3.CST: 情緒教育 4.CST: 情緒管理
528.2　　　　　　114007394

情緒教養不是「說說就好」！在每次焦慮下，教孩子慢慢站穩：從焦慮到安心，讓孩子學會情緒自處的第一課

臉書

作　　者：林琬清
發 行 人：黃振庭
出 版 者：財經錢線文化事業有限公司
發 行 者：崧燁文化事業有限公司
E-mail：sonbookservice@gmail.com
粉 絲 頁：https://www.facebook.com/sonbookss/
網　　址：https://sonbook.net/
地　　址：台北市中正區重慶南路一段 61 號 8 樓
8F., No.61, Sec. 1, Chongqing S. Rd., Zhongzheng Dist., Taipei City 100, Taiwan
電　　話：(02) 2370-3310　傳　　真：(02) 2388-1990
印　　刷：京峯數位服務有限公司
律師顧問：廣華律師事務所 張珮琦律師

定　　價：375 元
發行日期：2025 年 06 月第一版
◎本書以 POD 印製